AF742230

L'ESSENTIEL DU DROIT DE L'ENVIRONNEMENT AU MALI

Abdoulaye ABOUBACRINE

L'ESSENTIEL DU DROIT DE L'ENVIRONNEMENT AU MALI

Présentation de Séverine NADAUD

L'Harmattan
Mali

© L'Harmattan Mali, 2025

ACI2000 Bamako - Immeuble Jean-Marie CISSE -
Bureau 10
Tél.: +223 76 43 00 66 /+223 66 89 33 72
www.harmattanmali.com

Couverture et mise en page : Coco Joyce

ISBN : 978-2-336-57692-3
EAN : 9782336576923

Dédicace

À ma mère,
À M'Barka,
À Lalla Mariam,
À Arrafiatou

en témoignage de leur grand amour de la nature

Présentation

Titulaire d'une thèse de doctorat en droit portant sur « L'influence du droit international de l'environnement sur le droit malien de l'environnement : une contribution à l'émergence d'un droit africain harmonisé de l'environnement » réalisée sous ma direction de 2017 à 2021, Abdoulaye ABOUBACRINE est actuellement maître-assistant à l'Université *Kurukanfuga* de Bamako. Le droit de l'environnement malien est donc au cœur de son expertise.

« L'essentiel du droit de l'environnement au Mali » est la publication sous forme d'ouvrage d'un module de cours intitulé « Droit de l'environnement au Mali » à destination des étudiants du Master 2 de Droit International et Comparé de l'Environnement de la Faculté de Droit et des Sciences économiques de l'Université de Limoges, formation entièrement à distance menée en partenariat avec l'Agence Universitaire pour la Francophonie. L'auteur, qui avait d'ailleurs obtenu ce master 2 en 2011, était donc tout indiqué pour élaborer ce cours.

Avec la publication de cet ouvrage, Abdoulaye ABOUBACRINE partage désormais avec un public beaucoup plus large l'ensemble des connaissances nécessaires à la compréhension de la réglementation environnementale au Mali. Pour la circonstance, il a enrichi son cours - à l'origine découpé en trois parties respectivement consacrées à l'administration malienne de l'environnement, au droit de la protection de la nature au Mali et au droit des pollutions - d'une quatrième partie consacrée au contentieux de l'environnement au Mali.

Clair, simple et synthétique, l'ouvrage intègre les textes législatifs et réglementaires les plus récents, notamment l'Ordonnance n° 2025-017 du 1er avril 2025, modifiée, portant modification de la Loi n° 10-028 du 12 juillet 2010 *déterminant les principes de gestion des ressources du domaine forestier national* et l'Ordonnance n° 2025-018 du 1er avril 2025 *portant modification de la Loi n° 2021-032 du 24 mai 2021 relative aux pollutions et aux nuisances*. L'auteur ne prétend pas toutefois à l'exhaustivité mais nul doute que cet ouvrage constituera une référence pour tous les juristes environnementalistes, qu'ils soient universitaires ou praticiens.

« L'essentiel du droit de l'environnement au Mali » est la preuve que le pari lancé par Michel PRIEUR et Jean-Marc LAVIEILLE, éminents collègues environnementalistes à l'initiative du Master 2 de Droit International et Comparé de l'Environnement il y a près de vingt ans, est entièrement gagné : celui de former de jeunes juristes venant de tous les continents et de pays différents pour qu'ils diffusent la connaissance du droit de l'environnement à travers le cadre normatif prévu dans leurs propres pays. Nous émettons le vœu qu'à leur tour ils encadreront prochainement une nouvelle génération de juristes pour leur transmettre le virus du droit de l'environnement.

Séverine NADAUD,
Maître de conférences HDR en droit public
Membre de l'Observatoire des Mutations Institutionnelles et Juridiques
Doyen de la Faculté de Droit et des Sciences économiques de l'Université de Limoges

Avant-Propos

Cet ouvrage n'a pas pour objet d'approfondir les divers aspects d'une matière riche et en constante évolution. Il cherche à dire l'essentiel sans exclure l'important avec le souhait qu'il soit une ressource pédagogique utile à l'invention d'un monde où il fait bon vivre. En effet, entre foisonnement et ineffectivité le droit de l'environnement du Mali a plus que jamais besoin d'analyses, de commentaires et d'études pour tenter à la fois de contenir utilement celui-là et de remédier à celle-ci. Cet ouvrage essaie d'y contribuer modestement.

Ayant été invité à réaliser un cours à destination d'étudiants internationaux en droit comparé, j'ai senti le besoin d'intéresser à l'œuvre le maximum de citoyens car la protection de l'environnement est une question qui concerne le bien-être de l'ensemble des populations et le développement économique de tous les pays.

À jour des textes en vigueur, il met en évidence l'intégration de l'environnement dans des disciplines comme le droit constitutionnel et le droit pénal. L'évolution récente de notre législation en est la parfaite illustration. Il reste à formuler le vœu qu'il intègre aussi les mœurs de mes compatriotes en dépit de conditions de vie souvent précaires.

Avec mes remerciements à Séverine NADAUD grâce à qui l'ouvrage a vu le jour et à François PELISSON pour ses encouragements.

Bamako, le 30 septembre 2025

Sommaire

Abréviations

ABFN :	Agence du Bassin du Fleuve Niger
ABN :	Agence du Bassin du Niger
AEDD :	Agence de l'Environnement et du Développement Durable
AES :	Alliance ses États du Sahel
ANGESEM :	Agence Nationale de Gestion des Stations d'Épuration du Mali
Art. :	Article
BVG :	Bureau du Vérificateur Général
c. :	Contre
C.E. :	Conseil d'État
CEDEAO :	Communauté Économique des États de l'Afrique de l'Ouest
CIJ :	Cour Internationale de Justice
CREDD :	Cadre Stratégique pour la Relance Économique et le Développement Durable
CSM :	Cour Suprême du Mali
CTSP :	Comité de Transition pour le Salut du Peuple
Dir. :	Sous la direction de
DNACPN :	Direction Nationale de l'Assainissement et du Contrôle des Pollutions et des Nuisances
DNCN :	Direction Nationale de la Conservation de la Nature
DNP :	Direction Nationale de la Population
ETC. :	et cetera ou et cætera (il y a le reste)
Ed. :	Edition
GEDEFOR :	Gestion Décentralisée des Forêts
GIE :	Groupement d'Intérêt Économique
IBID. :	Ibidem (au même endroit)
INFRA :	Voir plus en bas
ICPE :	Installation classée pour la protection de l'environnement

JORF :	Journal Officiel de la République Française
JORM :	Journal Officiel de la République du Mali
JORS :	Journal Officiel de la République Soudanaise
MEADD :	Ministère de l'Environnement, de l'Assainissement et du Développement Durable
n° :	Numéro
p.	Page
P.G.P.-R.M :	Président du Gouvernement Provisoire de la République du Mali
PG-RM :	Président du Gouvernement de la République du Mali
PM-RM :	Premier Ministre de la République du Mali
PNUD :	Programme des Nations Unies pour le Développement
PNUE :	Organisation des Nations Unies pour l'Environnement
pp. :	Pages
P-RM :	Président de la République du Mali
PT-RM :	Président de la Transition de la République du Mali
PUF :	Presses Universitaires de France
RJE :	Revue juridique de l'environnement
s. :	suivants
STP/CIGQE :	Secrétariat Technique Permanent du Cadre Institutionnel de Gestion des Questions Environnementales
SUPRA :	Voir plus haut
t. :	tome
T. arb. :	Tribunal arbitral
UEMOA :	Union Économique et Monétaire Ouest- Africaine
V. :	Voir

Introduction

« L'environnement n'est pas une abstraction, mais bien l'espace où vivent les êtres humains et dont dépendent la qualité de leur vie et leur santé, y compris pour les générations à venir. »

CIJ, Avis sur la licéité de la menace ou de l'emploi de l'arme nucléaire, 8 juillet 1996

Vaste pays de l'Afrique de l'Ouest, le Mali est situé entre les 10° et 25° de latitude Nord et entre les 4° de longitude Est et 12° de longitude Ouest. Il couvre une superficie de 1 241 238 km^2 et partage 7 420 km de frontières avec l'Algérie au Nord, la Côte d'Ivoire et la Guinée au Sud, le Niger et le Burkina Faso à l'Est, le Sénégal et la Mauritanie à l'Ouest. Berceau d'importants empires et royaumes et ancienne colonie française, il est devenu indépendant le 22 septembre 1960 (Loi n° 60-35 du 22 septembre 1960 portant proclamation de la République indépendante du Mali, publiée au JORM spécial n° 65 du 29 septembre 1960, p. 2 et Décret n° 60 P.G.P.-R. M. du 28 septembre 1960 portant promulgation et publication de la Loi n° 60-35 du 22 septembre 1960 portant proclamation de la République indépendante du Mali, publié in *ibid*, p. 1). Avec une population estimée, en 2022, à 22 395 485 habitants[1], il est, depuis la Loi n° 2012-017 du 2 mars 2012 *portant création de circonscriptions administratives en République du Mali* (JORM n° 10 du 9 mars 2012, p. 364), divisé en dix-neuf régions administratives et un District. Son économie repose essentiellement sur le secteur primaire (agriculture, élevage et pêche) qui occupe 80 % de

[1] Dont 47,2% de jeunes de moins de 15 ans ; 49,9% de personnes âgées de 15 à 64 ans ; 49,7% de femmes. L'âge moyen de la population est de 21,4 ans et le taux de croissance annuel de la population ressort à 3,3% (v. communiqué du Conseil des ministres du 9 août 2023).

la population active (Rapport national 2009 sur l'état de l'environnement au Mali, p. I).

À l'instar des autres pays sahéliens du continent, le Mali est largement tributaire des conditions climatiques et plus particulièrement de la pluviométrie[2]. Le climat, de type intertropical continental, est caractérisé par « l'alternance d'une longue saison sèche et d'une saison des pluies allant de 2 mois au Nord à 5-6 mois au Sud »[3].

Les différentes problématiques environnementales dans le pays (insalubrité, dégradation du cadre de vie, pollution de l'air et des eaux, détérioration du couvert végétal et des sols, pénurie d'eau, perte de la biodiversité, etc.) font l'objet d'une attention des autorités nationales qui, en vue de leur résolution globale et coordonnée, ont adopté en août 1998 le document de politique nationale de protection de l'environnement, actualisé en décembre 2019[4] (JORM n° 43 du 13 décembre 2019, p. 1709). Cela s'accompagne d'une intervention normative très forte.

L'objet de cet ouvrage est de présenter la façon dont le droit positif malien appréhende ces problématiques environnementales. L'enjeu de cette présentation est d'aider à la connaissance des règles maliennes régissant la nature, les ressources naturelles et le cadre de vie des populations afin de susciter de l'enthousiasme pour une meilleure défense de notre environnement. Car, le problème qui se pose est que la protection de l'environnement n'a pas véritablement intégré les mœurs de la majorité de mes compatriotes, pour diverses raisons. Or aujourd'hui, les

---

[2] Plan national d'action environnementale 1998, p. 11.
[3] *Ibid.*
[4] Abdoulaye ABOUBACRINE, *Droit international de l'environnement et droit malien, vers un droit africain harmonisé de l'environnement*, Paris, L'Harmattan, 2023.

préoccupations environnementales ont cessé d'être une affaire de spécialistes.

Sans pouvoir prétendre à l'exhaustivité, l'ouvrage permet d'aborder et de comprendre le droit de l'environnement tel qu'il est applicable au Mali. Avant de présenter l'essentiel de ce droit, il convient de s'intéresser à son évolution historique, à ses sources, aux principes qui le fondent ainsi qu'aux actions de planification qu'entreprennent les pouvoirs publics en vue de faire face aux différentes menaces sur l'environnement.

1 - HISTORIQUE ET GRANDES ÉVOLUTIONS

L'évolution du droit de l'environnement au Mali ne tranche pas fondamentalement, toutes proportions gardées, avec celle des autres pays autrefois sous domination française, en raison du chemin qu'ont suivi les droits des anciennes colonies françaises (voir le décret du 4 juillet 1935 fixant le régime forestier de l'Afrique occidentale française, complété par le décret du 12 avril 1945). Mais, il faut tout de suite noter que la protection de l'environnement, ou au moins de certains de ses aspects, sur le territoire du Mali actuel, est antérieure à la colonisation et remonte même à l'époque médiévale. Pour bien comprendre l'évolution de ce droit au Mali, il convient de diviser l'histoire en trois périodes : la période précoloniale, la période coloniale et la période postcoloniale.

La période antérieure à la colonisation est celle des empires et des royaumes. Elle est caractérisée principalement par l'oralité. À cette époque, les dépositaires des règles régissant les rapports entre l'homme et la nature ou ses ressources ont été les couches socioprofessionnelles : les clans fondateurs des empires et des royaumes, les agriculteurs, les chasseurs, les griots, etc. Il est notamment fait allusion, ici, à la Charte de

Kurukanfuga (JORM n° 25 du 24 juin 2011, p. 970) qui est un ensemble de règles d'éthique et de conduite adoptées lors de l'investiture de Soundiata KEÏTA, empereur du *Manden*, à la suite de sa victoire à la bataille de Kirina, en 1235, sur Soumangourou KANTÉ, roi des *Sossos*. Cette Charte contient des dispositions relatives à la préservation de la nature et de ses ressources :

« (…) *Article 37 : Fakombè est désigné chef des chasseurs. Il est chargé de préserver la brousse et ses habitants pour le bonheur de tous.*

Article 38 : Avant de mettre le feu à la brousse, ne regardez pas à terre, levez la tête en direction de la cime des arbres.

Article 39 : Les animaux domestiques doivent être attachés au moment des cultures et libérés après les récoltes. Le chien, le chat, le canard et la volaille ne sont pas soumis à cette mesure. (…) ».

Cette protection de la nature et le souci de préserver l'équilibre du milieu de vie demeurent encore des préoccupations dans nos zones rurales où des prescriptions locales peuvent concerner la chasse (v. les animaux totem), les feux de brousse, l'utilisation de cours d'eau communs, la pêche, etc.

Ces règles traditionnelles, encore vivaces, ont été confrontées à celles de l'administration coloniale qui, au nom de la mise en valeur des colonies, étendra à celles-ci la réglementation métropolitaine relative à la nature et à ses ressources[5] (v. Abdoulaye ABOUBACRINE, *Droit international de l'environnement et droit malien, vers un droit africain harmonisé de l'environnement*, Paris,

---

[5] V. Abdoulaye ABOUBACRINE, *op. cit.*

L'Harmattan, 2023). C'est ainsi que, pour remédier aux lacunes des réglementations antérieures, le décret du 4 juillet 1935 fixant le régime forestier de l'Afrique occidentale française, complété par le décret du 12 avril 1945, assure la protection des forêts dans toutes les colonies du groupe de l'Afrique occidentale française. Ce décret, selon le rapport du ministre des Colonies, Monsieur Louis ROLLIN, s'inspire largement des textes forestiers parus pour l'Indochine et Madagascar ; « les problèmes forestiers étant, en effet, sensiblement les mêmes dans toutes les régions tropicales »[6]. Il encourage la reconstitution forestière « en favorisant les reboisements effectués par les collectivités indigènes et les particuliers »[7].

Ce droit colonial restera en vigueur dans bien de ses aspects, même après la colonisation[8].

À l'indépendance, les nouvelles autorités du pays, confrontées à une situation où tout était à refaire, notamment en matière de rédaction de textes législatifs et réglementaires propres, vont s'inspirer largement de la réglementation coloniale qui ne change, dans certains cas, que d'appellation. L'impact négatif de ce quasi-mimétisme du droit de l'ancien colonisateur sur le droit malien est qu'il remet chaque fois en cause l'harmonie et la cohérence de

---

[6] JORF n° 158 du dimanche 7 juillet 1935, pp. 7289 et s. et n° 89 du vendredi 16 avril 1954, p. 3715.

[7] *Ibid.*

[8] Par exemple, l'Arrêté n° 69-901 du 20 novembre 1969 réglementant l'instruction des demandes d'ouverture d'établissements classés vise expressément le décret du 20 octobre 1926 portant réglementation des établissements dangereux, insalubres ou incommodes et l'Arrêté n° 7-148 du 14 novembre 1955 portant modification à la nomenclature des établissements dangereux, insalubres ou incommodes (V. JORM n° 314 du 15 novembre 1969, p. 878).

ses textes. Les différentes modifications des textes français se ressentent ainsi sur le droit du nouvel État.

Le droit français de l'environnement et les textes internationaux sur l'environnement vont donc continuer, graduellement, d'influencer le droit du jeune État du Mali. Les textes adoptés sous l'égide de l'Organisation de l'Unité Africaine, créée dès le début des indépendances (devenue Union Africaine en 2002), dont la plus importante, du point de vue de son contenu et de son champ géographique, est la Convention d'Alger de 1968 sur la Conservation de la nature et des ressources naturelles en Afrique, révisée à Maputo en 2003, font partie de ces nombreux textes qui feront évoluer le droit malien de l'environnement. Cette influence s'est accrue au fur et à mesure de l'évolution du droit international de l'environnement dont la Conférence des Nations Unies sur l'environnement de 1972 a constitué un tournant décisif. À partir de cette date, le droit malien de l'environnement sera totalement reformé. Un ministère en charge de l'Environnement sera créé avec désormais la prise en compte de la protection de l'environnement urbain (v. le Décret n° 88-152/P-RM du 6 juin 1988 *portant nomination des membres du Gouvernement*). L'environnement sera, de même, constitutionnalisé[9].

Ce bref rappel historique permet de comprendre que le droit malien de l'environnement prend racine dans une pluralité de sources.

2 - SOURCES

Le droit de l'environnement, dans sa formulation actuelle, est né en 1972 à Stockholm pour le droit international de l'environnement, en 1975 à Lagos pour le

---

[9] V. *infra*, sources maliennes du droit de l'environnement.

droit communautaire de l'environnement, autour des années 1980 pour le droit malien de l'environnement. Il s'entend comme l'ensemble des règles juridiques ayant pour objet la protection de la nature, des ressources naturelles et l'amélioration du cadre de vie.

1- Les sources maliennes du droit de l'environnement

- La Constitution

La constitutionnalisation de l'environnement au Mali commence véritablement avec l'Acte fondamental CTSP du 31 mars 1991 qui montre la voie : *« Le peuple malien réaffirme (…) son attachement à la protection et à la promotion de l'environnement* » (Préambule, voir JORM n° 8 du 30 avril 1991, p. 279). Conformément aux conclusions de la Conférence de Stockholm de 1972 et aux travaux préparatoires de celle de Rio 1992, le Mali confirme son engagement dans la Constitution du 25 février 1992 puis dans celle du 22 juillet 2023 « *à assurer l'amélioration de la qualité de la vie et la protection de l'environnement* » (Décret n° 92-073/P-CTSP du 25 février 1992, publié au JORM n° 4 du 29 février 1992, p. 117 et Décret n° 2023-0401/PT-RM du 22 juillet 2023, publié au JORM spécial n° 13 du 22 juillet 2023, p. 2). Sur ce point, le droit malien a précédé le droit français puisque c'est seulement en 2005, avec l'adossement de la Charte de l'environnement à la Constitution de 1958 que l'environnement aura, en France, une valeur constitutionnelle.

Le substantif « environnement » et son adjectif « environnemental » sont employés vingt-cinq (25) fois dans la Constitution du 22 juillet 2023. Ce verdissement de notre loi fondamentale est une prouesse et un vrai motif de satisfaction pour le juriste de l'environnement. L'art. 42 de cette Constitution indique clairement que l'État dispose du droit souverain sur les richesses et les ressources naturelles situées sur son territoire. À ce titre, « L'exploitation de ces richesses et ressources naturelles doit être assurée dans le respect des règles de protection de l'environnement et dans l'intérêt des générations présentes et futures ». L'art. 89 invite les Forces Armées et de Sécurité, dans leurs missions de défense de l'intégrité du territoire national, de la protection des personnes et de leurs biens, du maintien de l'ordre public et de l'exécution des lois, à participer aux actions de protection de l'environnement du pays. L'art. 115 étend la compétence législative à la protection de l'environnement. Son art. 119 précise que les projets de loi relatifs à l'environnement sont soumis, en premier lieu, au Sénat. Quant à l'art. 164, il institue un Conseil économique, social, environnemental et culturel, en lieu et place du Conseil économique, social et culturel prévu par la Constitution de 1992, et lui donne compétence sur toutes les questions de développement économique, social, environnemental et culturel.

En souscrivant à la Déclaration universelle des Droits de l'Homme du 10 décembre 1948, à la Charte africaine des Droits de l'Homme et des Peuples du 27 juin 1981 (JORM n° 22 du 15 novembre 1981, pp. 3 et 8), la République du Mali précise dans ses Constitutions du 25 février 1992 et du 22 juillet 2023, les droits et les devoirs des citoyens en matière d'environnement : « *Toute personne a droit à un environnement sain. La protection, la défense de l'environnement et la promotion de la qualité de la vie sont un devoir pour tous et pour l'État.* ».

L'incorporation de l'environnement dans la Constitution est donc une grande victoire de la cause environnementale et doit normalement faciliter sa protection et son amélioration. Car, comme l'indique si justement Michel PRIEUR, ainsi « constitutionnalisé, le droit de l'environnement s'impose aux autres droits internes qui doivent l'intégrer dans leurs dispositions ». Le point d'orgue de la protection de l'environnement au Mali est l'admission de la question prioritaire de constitutionnalité prévu par l'article 153 de la Constitution du 22 juillet 2023[10] (v. *infra*, Le contentieux constitutionnel de l'environnement).

- Les textes législatifs et réglementaires

Les textes législatifs maliens, en matière d'environnement, sont éparpillés entre différents Codes : un Code forestier (Loi n° 68-008 du 17 février 1968 *portant Code forestier*, publié au JORM n° 273 du 1er avril 1968, p. 187, abrogée par la Loi n° 86- 042 du 24 mars 1986, publiée au JORM n° 783 du 1er avril 1986, p. 9), un Code de la pêche (Loi n° 86-044 du 24 mars 1986 *portant Code de la pêche*, publiée au JORM n° 783 du 1er avril 1986, p. 22, abrogée par la Loi n° 95-032 du 22 mars 1995 *fixant les conditions de gestion de la pêche et de la pisciculture*, publiée au JORM n° 09 du 15 mai 1995, pp. 324-327, elle-même remplacée par la Loi n° 2014-062 du 29 décembre 2014 *déterminant les principes et les conditions de gestion de la pêche et de l'aquaculture*, publiée au JORM n° 01 du 2 janvier 2015, pp. 04-20), un Code de la chasse et de la conservation de la faune et de son habitat (Le premier Code de la chasse est institué par l'Ordonnance n° 60-069/CMLN du 11 novembre 1969 ; v. Loi n° 86- 043 du 24 mars 1986 *portant Code de chasse et de conservation de la faune et de son habitat*, publiée au JORM n° 783 du 1er avril 1986, p. 15, abrogée par la Loi n° 95-004 du 18 janvier 1995 *fixant les conditions de gestion des ressources forestières*, publiée au JORM n° 04 du 28 février 1995, p. 125, puis par la Loi n° 2018-036 du 27 juin 2018 *fixant les principes de gestion*

---

[10] V. *infra*, Le contentieux constitutionnel de l'environnement.

de la faune et de son habitat, publiée au JORM n° 31 du 24 août 2018, p. 1222) et un Code de l'eau (Loi n° 02-006 du 31 janvier 2002 *portant Code de l'eau*, publiée au JORM n° 04 du 10 février 2002, p. 124). Certains ne sont pas codifiés : textes sur les pollutions et les nuisances, sur les installations classées... De même, les lois susvisées, portant Codes, ne sont pas accompagnées, dans un document unique, de leurs textes d'application qui sont très nombreux (v. bibliographie). Il convient de les rassembler en vue de faciliter leur bon usage. Le recueil non exhaustif des différents textes législatifs et réglementaires environnementaux, publié en deux éditions (2007 et 2009) et celui des textes de l'Administration des Eaux et Forêts (dont la dernière édition date de 2023) méritent d'être complétés et actualisés.

Le projet de Code de l'environnement, dont la rédaction est en cours de finalisation, ne résout pas malheureusement le problème de la dispersion des textes. Son art. 211 indique, d'ailleurs, que « *Les textes législatifs et réglementaires, traitant des domaines spécifiques de l'environnement complètent le présent code.* ». Or, l'objet de la codification est de créer un document unique dans un domaine précis du droit (composé d'une partie législative et d'une partie réglementaire) ; de rassembler donc des normes dispersées pour les rendre cohérentes et accessibles.

Le nouveau Code pénal du 13 décembre 2024 (JORM spécial n° 21 du 13 décembre 2024) crée une véritable révolution en verdissant entièrement le dispositif répressif. En effet, le mot « environnement » y est employé soixante-cinq (65) fois. Il reprend beaucoup de dispositions de textes spécifiques. Il reste à espérer que ce dispositif, très éloquent, soit suivi d'effet, surtout sur le terrain de la dissuasion.

Le droit malien de l'environnement intègre aussi les règles coutumières de gestion des ressources de l'environnement et des milieux.

- La jurisprudence malienne et l'environnement

Le mutisme de la jurisprudence malienne en matière d'environnement est gênant. Pourtant, ce ne sont pas les atteintes à l'environnement qui manquent et le dispositif juridique mis en place pour leur répression est très éloquent. Par exemple, les nombreuses irrégularités environnementales décelées par les missions de vérification du Bureau du Vérificateur Général imputables à différentes sociétés minières et à certaines administrations publiques (v. www.bvg-mali.org) peuvent bien favoriser l'amorce à l'existence de cette jurisprudence. Le procès a, en effet, un rôle important à jouer dans la protection de l'environnement. Les magistrats poursuivants et les associations de défense de l'environnement de droit malien sont alors au pied du mur.

Il y a lieu de retenir, cependant, que même si le juge malien n'est pas saisi d'affaires concernant directement l'environnement, il a eu l'occasion d'évoquer, quoique laconiquement, certaines règles environnementales, dans nombre de ses décisions (CSM, adm. 7 août 2014, arrêt n° 221 ; CSM, adm., 22 août 2013, arrêt n° 250).

Il n'est pas inutile aussi d'évoquer un arrêt dans lequel la plus haute juridiction judiciaire se limite à reconnaître des troubles de voisinage et à ordonner leur cessation, sans s'attarder sur les dommages causés à l'environnement. Dans cet arrêt (CSM, Civ. 1re, 6 avril 1998, arrêt n° 64), la Cour suprême reconnaît que le trouble né de l'implantation d'une mosquée et de ses activités de culte ne saurait être imputé à l'auteur de la construction car, ajoute-t-elle, il s'agit d'une construction autorisée par une décision du maire de la Commune.

Il faut aussi regretter le fait que même s'il existe des décisions de justice en matière d'environnement au Mali, celles-ci ne sont pas accessibles pour diverses raisons.

Seuls les arrêts de la Cour constitutionnelle (www.courconstitutionnelle.ml) et certaines décisions de la Cour suprême (https://www.ahjucaf.org/mali-cour-supreme) sont accessibles. Le caractère non exhaustif de cette analyse peut donc trouver son excuse dans l'inaccessibilité de toutes les décisions juridictionnelles au Mali.

La doctrine en droit de l'environnement au Mali commence à émerger avec, notamment, un nombre de plus en plus important de rapports, de mémoires, d'articles, de thèses et d'ouvrages[11].

Aux textes sus dessus cités s'ajoutent les conventions bilatérales et multilatérales en matière d'environnement auxquelles le Mali est Partie. En effet, pour renforcer son dispositif juridique, le pays a adhéré à plusieurs Conventions générales ou spécifiques ayant pour objet l'environnement ou certains de ses aspects et a ratifié un bon nombre d'entre elles (v. Abdoulaye ABOUBACRINE, *op. cit.*).

2- Les sources communautaires et internationales

a- Les sources communautaires et bilatérales

✓ **Traité de la CEDEAO**

C'est le 28 mai 1975 que les chefs d'État et de Gouvernement de l'Afrique de l'Ouest ont signé à Lagos

---

[11] V. Bibliographie.

(Nigeria) le traité instituant la Communauté Économique des États de l'Afrique de l'Ouest (CEDEAO). Si ce traité fondateur crée une commission technique et spécialisée chargée de l'Industrie, de l'Agriculture et des Ressources naturelles et invite les États membres à coopérer en vue de la mise en valeur de leurs ressources naturelles, notamment dans les domaines de l'agriculture, de la sylviculture, de l'élevage et de la pêche, il ne s'intéresse pas expressément à l'environnement artificiel de la Communauté. Il est donc vite révisé pour intégrer dans ses objectifs l'harmonisation et la coordination des politiques en vue de la protection de l'environnement global.

Il a été aussi pris, en décembre 2008 à Abuja (Nigeria), un Acte additionnel portant adoption de la politique environnementale de la Communauté. Cette politique concerne l'ensemble des activités relatives à la gestion des ressources naturelles (les terres, les forêts, la faune sauvage, les ressources en eau...), les mines, la conservation des écosystèmes et de la diversité biologique, la prévention et la gestion des risques technologiques, le climat, les pollutions et autres risques environnementaux (art. 3 de l'Acte additionnel).

IMPORTANT

C'est par le communiqué conjoint n° 001 du 28 janvier 2024 que le Burkina Faso, le Mali et le Niger, réunis au sein de l'Alliance des États du Sahel (v. la Charte du Liptako-Gourma, ratifiée par le Décret n° 2023-0580/PT-RM du 5 octobre 2023, publié au JORM n° 31 du 3 novembre 2023, p. 1255), « prenant toutes leurs responsabilités devant l'histoire et répondant aux attentes, préoccupations et aspirations de leurs populations », ont décidé de se retirer de la Communauté Économique des États de l'Afrique de l'Ouest.

La Charte de l'Alliance qui a pour objet « d'établir une architecture de défense collective et d'assistance mutuelle aux

Parties contractantes » ne contient pas de dispositions relatives à la protection de l'environnement alors que pour certains, les défis environnementaux tels que la désertification et la rareté des ressources naturelles, qui sont communs aux trois États de l'Alliance, peuvent aggraver les tensions entre eux et rendre plus difficile la coopération pour la création d'une confédération[12]. Il est alors vivement attendu des actes additionnels prévoyant dans leurs dispositions des mesures de protection de l'environnement permettant ainsi d'éviter toute régression en matière de protection de l'environnement dans l'espace considéré. Car, la protection de l'environnement ne doit faire l'objet que d'une amélioration constante.

La tenue, le 16 janvier 2025 à Bamako, de la rencontre ministérielle de la Confédération des États du Sahel portant sur les questions de « Développement » est un bon présage de ce que les questions relatives à la protection de l'environnement seront au cœur des préoccupations des dirigeants de l'espace AES.

✓ Traité de l'UEMOA

Le traité de l'Union Économique et Monétaire Ouest Africaine (UEMOA), ratifié par le Mali l'année même de son adoption (Décret n° 94-183/P-RM du 26 mai 1994, publié au JORM n° 11 du 15 juin 1994, p. 364), intègre des éléments de protection de l'environnement, qualifiés de politiques sectorielles, dans ses dispositions. Son Protocole additionnel n° II, consacré aux politiques sectorielles, invite les Chefs d'État et de Gouvernement à veiller, dans le respect des tâches imparties aux organisations régi onales spécialisées, à la prise en compte de :

« *a) la lutte contre la désertification,*

[12] Daouda TÉKÉTÉ, *Genèse de l'Alliance des États du Sahel, héritages de Modibo KEÏTA, de Bakary DJIBO et de Thomas SANKARA (AES)*, Bamako, L'Harmattan Mali, 2025, p. 73.

b) la protection des ressources naturelles et de la biodiversité,

c) l'amélioration de l'environnement en milieu rural et urbain,

d) l'exploitation des énergies renouvelables et particulièrement de l'énergie solaire,

e) la lutte contre l'érosion côtière » (art. 10).

À la lumière des orientations définies dans ce Protocole additionnel, a été adoptée la Politique Commune d'Amélioration de l'Environnement de l'UEMOA (PCAE-UEMOA) par Acte additionnel n° 01/2008/CCEG/UEMOA du 17 janvier 2008, signé par les Chefs d'État et de Gouvernement de l'Union. Cette politique concerne l'ensemble des activités relatives à la :

- préservation des écosystèmes, de la biodiversité et du climat ;
- gestion des ressources forestières de la forêt et de la faune sauvage ;
- gestion des pollutions et nuisances ;
- gestion des ressources en eau.

Elle vise à inverser les tendances lourdes de dégradation et de réduction des ressources naturelles, inverser la dégradation des milieux et cadres de vie et à maintenir la biodiversité.

Pour l'application de l'ensemble de ces dispositions communautaires, le Mali a adopté plusieurs textes dont le Décret n° 2014-0478/PM-RM du 23 juin 2014 *portant création du comité national de veille pour la transposition des directives et l'application des actes communautaires de l'UEMOA* (JORM n° 31 du 1er août 2014, p. 1218).

✓ Traités d'autres organisations sous régionales

Le Mali est membre d'autres organisations sous régionales qui ont intégré des préoccupations environnementales dans leurs objectifs. Il est notamment fait allusion au Comité permanent Inter États de Lutte contre la Sécheresse au Sahel (CILSS), à l'Autorité du Bassin du fleuve Niger (ABN), à l'Organisation pour la Mise en Valeur du fleuve Sénégal (OMVS), entre autres.

✓ Traités bilatéraux

Sur le plan bilatéral, le Mali a signé un nombre important d'accords dans le domaine de l'environnement avec différents pays, renforçant ainsi son dispositif juridique. Il est possible de noter la signature :

- à Doha, le 16 décembre 2018, de l'Accord de Coopération dans le domaine de l'assainissement et de l'environnement avec l'État du Qatar ;

- à Bamako, le 17 juillet 2010, du Protocole d'accord avec la Tunisie dans le domaine de l'environnement ;

- à Libreville, le 18 mars 2008, de l'Accord dans le domaine de la gestion des forêts et des aires protégées avec le Gabon;

- à Bamako, le 23 janvier 2003, du Protocole d'accord relatif à la coopération bilatérale pour la connaissance, la gestion, la mobilisation et l'utilisation des ressources en eau du Bassin du Niger supérieur avec la Guinée;

- à Bamako, le 23 juillet 1999, de l'Accord de coopération dans le domaine de l'environnement et de la forêt avec la Côte d'Ivoire;

- à Bamako, le 20 juin 1996, du Protocole d'accord dans le domaine des Eaux et Forêts, chasses et conservation de la nature avec le Sénégal;

- à Bamako, le 12 juillet 1988, du Protocole d'accord relatif à la coopération dans l'utilisation des ressources en eau du fleuve Niger avec le Niger;

- etc.

b- Les sources internationales

✓ Les conventions internationales

Il existe de nombreuses conventions internationales dans le domaine de l'environnement. Elles sont à vocation universelle (comme la Convention cadre de Paris sur les changements climatiques) ou régionale (comme la Convention d'Alger, révisée à Maputo, sur la conservation des ressources naturelles en Afrique), générales (comme la Convention d'Alger, révisée à Maputo, sur la conservation des ressources naturelles en Afrique) ou spécifiques (comme la Convention cadre de Paris sur les changements climatiques). Le Mali a signé et a ratifié un bon nombre de ces conventions internationales (v. Recueils des textes internationaux en droit de l'environnement, 1re et 2e éd., PADELIA-Mali, 2007 et 2009). La mise en œuvre de celles-ci, même si elle connaît des difficultés (v. rapport 2020 sur l'état de l'environnement au Mali, p. 100), a donné lieu à beaucoup de plans, programmes et projets en faveur de l'environnement.

Les Déclarations qui sont des textes non contraignants pour les États, mais qui peuvent avoir une portée politique importante, sont généralement les prémices d'une réflexion qui permet d'aboutir à l'adoption d'une convention.

Le droit malien de l'environnement est constitué de tout ce dispositif : l'ensemble de tous ces textes et institutions ayant pour objet l'environnement. De nombreux principes vont contribuer à sa construction.

3 - PRINCIPES

Le droit de l'environnement repose sur des principes juridiques qui lui donnent le souffle de vie. Ce sont les Déclarations de Stockholm 1972 et de Rio 1992 qui ont défini ou redéfini ces principes. Ils sont, depuis, reconnus par de nombreuses conventions et intégrés dans les droits des États. Que le Mali les intègre dans son corpus juridique semble alors aller de soi. Il s'en inspire à travers sa Constitution du 22 juillet 2023, mais aussi à travers différents textes législatifs dont la loi du 24 mai 2021, modifiée, relative aux pollutions et aux nuisances ainsi que celle du 1er décembre 2008 relative à la sécurité en biotechnologie, entre autres. Le projet de texte portant Code de l'environnement intègre expressément en droit malien certains de ces principes oubliés par les textes sus cités[13].

Si la plupart des principes du droit de l'environnement sont connus du grand public, il n'est pas sûr qu'il en soit de même de leurs implications juridiques : prévention, précaution, information, participation, pollueur-payeur, accès à la justice, non-régression, développement durable et intégration. Ils sont la traduction juridique du droit de l'homme à l'environnement consacré en droit malien à travers l'art. 22 de la Constitution du 22 juillet 2023 : « *Toute personne a droit à un environnement sain et durable.* ». Ils sont devenus des droits, selon Michel

---

[13] Il est notamment fait référence au principe de non-régression.

PRIEUR, « *du fait qu'ils sont invocables et opposables et qu'ils contiennent des règles* ».

✓ Le principe de prévention

Le projet de loi portant Code de l'environnement au Mali définit le principe de prévention comme celui selon lequel les atteintes à l'environnement, que toute activité ou phénomène naturel pourrait générer, doivent être réduites ou éliminées à titre préventif. Consacré déjà par de nombreuses dispositions législatives et réglementaires, notamment la loi sur les pollutions et les nuisances de 2001 puis celle de 2021, modifiée, et le Décret n° 96-133/P-RM, abrogé, *portant protection de l'environnement à l'occasion de la réalisation des grands travaux*[14], ce principe vise donc, par des mesures dites préventives, avant la réalisation d'un ouvrage ou d'une activité quelconque, à empêcher la survenance d'atteintes à l'environnement. C'est dans ce sens qu'a été instituée la procédure d'étude d'impact sur l'environnement par le Décret n° 99-189/P-RM du 5 juillet 1999[15]. Car, l'étude d'impact et les autres formes d'évaluation environnementale sont des outils de prévention environnementale. D'inspiration américaine, avant qu'une convention dite Convention d'Espoo lui soit entièrement consacrée en 1991, la procédure d'étude d'impact environnemental et social est devenue par le principe 17 de la Déclaration de Rio 1992 une règle d'application universelle. L'art. 2 de la loi relative aux pollutions et aux nuisances de 2021, modifiée, la définit comme « *L'identification, la description et l'évaluation des effets des projets sur l'homme, la faune et la flore, le sol, l'eau, l'air, le climat et le paysage, y compris les*

---

[14] V. bibliographie.

[15] *Ibid.*

interactions entre ces facteurs, le patrimoine culturel, socioéconomique et d'autres biens matériels »[16].

Puisque les dommages causés à l'environnement peuvent être irrémédiables, il importe de prévenir leur réalisation. Le principe de prévention est issu de l'adage : *Mieux vaut prévenir que guérir*.

✓ Le principe de précaution

Comme le principe précédent, il s'agit là aussi d'agir en amont afin d'éviter un dommage à l'environnement. Mais, à la différence du principe de prévention, le principe de précaution exige une action alors même que le risque de survenance du dommage n'est pas certain. La loi sur les pollutions et les nuisances le définit comme « le principe selon lequel l'absence de certitude, compte tenu des connaissances scientifiques et techniques du moment, ne doit pas retarder l'adoption des mesures effectives et proportionnées visant à prévenir un risque de dommages graves et irréversibles à l'environnement ». Face donc à l'incertitude et à la controverse scientifique, il faut tout de suite prendre des mesures de protection de l'environnement. L'inaction paraît donc intolérable, même dans l'incertitude.

---

[16] Cette définition est différente de celle donnée par l'Ordonnance n° 2025-017 du 1er avril 2025 portant modification de la Loi n° 10-028 du 12 juillet 2010 *déterminant les principes de gestion des ressources du domaine forestier national* selon laquelle l'étude d'impacts environnemental et social est « *L'étude à caractère analytique et prospectif portant sur l'identification et l'évaluation des incidences d'un projet sur l'environnement, les milieux naturel et humain en vue d'en exposer les conséquences négatives ou positives à court, moyen ou long terme et de proposer des mesures d'atténuation ou de suppression des impacts négatifs et de bonification des impacts positifs* » (art. 2 nouveau).

Le principe de précaution est aujourd'hui devenu une référence dans tous les discours relatifs aux risques, notamment en matière de OGM ou de sécurité alimentaire[17].

✓ Les principes d'information et de participation

Il s'agit du droit pour les différents acteurs de la société d'être informés des questions environnementales afin de participer à leur traitement. Puisque la Constitution met à la charge de chacun le devoir de protéger l'environnement, il est indispensable que celui-ci dispose d'informations concernant l'état de l'environnement et les projets qui risquent d'y porter atteinte. Toute personne a donc droit au libre accès aux informations environnementales (article 10 de la loi sur les pollutions et les nuisances). Cette information environnementale concerne toutes les données qui sont disponibles sous forme écrite, d'images ou sur tout autre support d'information se rapportant à l'état des eaux, de l'air, du sol, de la faune et de la flore, aux activités provoquant des nuisances et des pollutions, aux activités ou mesures visant à améliorer le cadre de vie et à protéger l'environnement. L'information peut être donnée soit spontanément par les pouvoirs publics soit à la demande de tout intéressé. Ce qui signifie logiquement qu'en matière d'environnement, il ne doit pas y avoir de secret à opposer au citoyen. Cependant, l'accès aux informations environnementales dont la publication affecte les relations internationales, la défense nationale, la confidentialité ou pouvant provoquer un grave danger pour la sécurité, est soumis à autorisation.

---

[17] Michel PRIEUR, *Droit de l'environnement*, Paris, Dalloz, 2023, 9e éd., p. 151.

La Déclaration de Rio 1992 estime que « *La meilleure façon de traiter les questions d'environnement est d'assurer la participation de tous les citoyens concernés, au niveau qui convient. Au niveau national, chaque individu doit avoir dûment accès aux informations relatives à l'environnement que détiennent les autorités publiques, y compris aux informations relatives aux substances et activités dangereuses dans leurs collectivités, et avoir la possibilité de participer aux processus de prise de décision* (...) » (principe 10). Le principe de participation est consacré en droit malien par de nombreux textes dont la loi sur les pollutions et les nuisances qui parle d'« implication et participation ». Selon ce texte, tous les acteurs sont impliqués et participent aux actions de protection, de restauration et de conservation des ressources naturelles et de l'environnement.

✓ Le principe pollueur-payeur

Il oblige le pollueur à assumer le coût de la pollution. Selon l'art. 2 de la loi sur les pollutions et les nuisances, modifiée, « (...) *les frais résultants des mesures de prévention, de réduction de la pollution et de lutte contre celle-ci doivent être supportés par le pollueur* ». Il s'agit d'une consécration du principe 16 de la Déclaration de Rio 1992. Ce principe a une portée étendue puisqu'il conduit vers des mécanismes de responsabilité pour dommage écologique pur.

✓ L'accès à la justice en matière d'environnement

Par « accès à la justice en matière d'environnement », il faut comprendre la possibilité pour toute personne, physique ou morale, malienne ou étrangère, de faire recours à un organe juridictionnel afin de le faire appliquer un texte visant à protéger l'environnement ou son droit à l'environnement.

Malgré les récents efforts des pouvoirs publics tendant à rapprocher davantage la justice des justiciables, le juge malien a rarement eu l'occasion de se prononcer sur des différends environnementaux, non pas parce que ceux-ci n'existeraient pas, mais par ce qu'ils ne sont pas élevés devant lui. Les raisons de cette non saisine du juge sont nombreuses. Il est possible de citer parmi celles-ci des considérations culturelles, etc. Le magistrat poursuivant et les acteurs non étatiques sont alors fortement interpellés car, le procès est un des moyens permettant de bien contribuer à renforcer l'effectivité du droit de l'environnement.

✓ Le principe d'intégration

Ce principe vise à permettre la prise en compte des problématiques environnementales dans toutes les politiques. C'est ainsi que l'on ne doit pas élaborer une politique agricole ou de transport, par exemple, sans prendre en compte ses conséquences environnementales. L'intégration a aussi pour but le développement durable.

C'est pourquoi depuis 2015, le ministère de l'Environnement est chargé de veiller à la prise en compte des questions de développement durable à l'occasion de la formulation et de la mise en œuvre des politiques publiques.

✓ Le développement durable

Un des premiers principes du droit de l'environnement est celui du droit à un environnement sain, consacré en droit malien à travers l'art. 22 de la Constitution du 22 juillet 2023 : « *Toute personne a droit à un environnement sain et durable.* ». En ligne de mire de cette disposition se trouve le développement durable du pays qui implique la participation de tous. Il s'agit donc d'un principe à valeur constitutionnelle au Mali depuis 1992. La Constitution du 25 février 1992 se plaçait dans le sillon de Stockholm 1972, mais précède Rio 1992.

C'est bien donc la première Déclaration des Nations Unies sur l'environnement et/ou les textes préparatoires de la Conférence de Rio 1992 qui influenceront le constituant malien. Ce principe est consacré dans le texte de Stockholm de la façon suivante : « *L'homme a un droit fondamental à la liberté, à l'égalité et à des conditions de vie satisfaisantes, dans un environnement dont la qualité lui permettra de vivre dans la dignité et le bien-être* » (Principe 1 *in limine*). Rio 1992 renchérit : « *Les êtres humains* (…) *ont droit à une vie saine et productive en harmonie avec la nature* » (Principe 1).

Le principe sera formulé plus tard dans de nombreux textes internationaux, notamment la Convention d'Aarhus : « (…) *chacun a le droit de vivre dans un environnement propre à assurer sa santé et son bien-être…* » (art. 1er). Il sera repris par la suite par la loi malienne de 2001 relative aux pollutions et aux nuisances, remplacée en 2021, et ses nombreux textes d'application. Sur un plan purement procédural, le droit à un environnement sain « (…) *se concrétise par la reconnaissance, dans le champ de l'environnement, d'un droit d'accès à l'information, de participation au processus décisionnel et d'accès à la justice* » (Sandrine MALJEAN-DUBOIS, *Quel droit pour l'environnement ?* p. 48).

✓ Le principe de non-régression

Oublié par les différents textes législatifs et réglementaires, le principe de non-régression est prévu, de façon expresse, par le projet de loi portant Code de l'environnement. Il est défini comme le principe selon lequel la protection de l'environnement, assurée par les dispositions législatives et réglementaires relatives à l'environnement, doit bénéficier d'une amélioration constante, compte tenu de l'évolution des connaissances scientifiques et de la technologie.

Élaborer une législation, si impeccable soit-elle, ne suffit pas pour améliorer l'environnement et promouvoir le développement durable. Cette législation doit être suivie d'effet. Sa prise d'effet passe nécessairement par la formulation et la mise en œuvre de politiques, plans et stratégies.

4 - POLITIQUES ET PLANS

C'est le Décret n° 2016-0056/P-RM du 15 février 2016 qui fixe les modalités d'élaboration, d'approbation et de mise en œuvre des documents de politique nationale (JORM n° 09 du 26 février 2016, p. 328). Il indique que les documents de politique nationale et autres documents de politiques publiques à l'échelle nationale ou inter-régionale, notamment les lettres ou déclarations de politique sectorielle, les documents de stratégie, les programmes ou projets ainsi que les plans d'action y afférents, doivent s'inscrire dans le cadre de la mise en œuvre de la Déclaration de politique générale du Gouvernement ou de son Programme d'action (article 1er). Ils sont délibérés en Conseil des ministres et approuvés par décret. Ces politiques publiques font l'objet d'évaluation[18].

---

[18] La Loi n° 2016-046 du 23 septembre 2016 *portant loi organique fixant l'organisation, les règles de fonctionnement de la Cour suprême et la procédure suivie devant elle* précise les contours de l'évaluation des politiques publiques (v. articles 335-336 ; v. aussi rapports d'évaluation des politiques publiques du Bureau du Vérificateur général).

Malgré une politique de décentralisation audacieuse, l'État détient encore la plénitude des pouvoirs dans la formulation et la mise en œuvre des politiques, plans et stratégies de gestion de l'environnement. On peut le comprendre, la gestion des questions d'environnement est avant tout une affaire de l'État en raison de ses missions traditionnelles de poursuite de la satisfaction de l'intérêt général et des moyens mis à sa disposition que n'ont pas les individus et les Collectivités territoriales. La gouvernance environnementale s'exerce donc à travers ces diverses politiques et stratégies élaborées et mises en œuvre en concertation avec l'ensemble des acteurs concernés. Ces différentes politiques et stratégies mises en place sont hiérarchisées du niveau national au niveau des arrondissements en passant par les régions et les cercles. Elles sont nombreuses et concernent tous les secteurs de la vie du pays. Normalement, toutes les politiques conduites au niveau du pays doivent comprendre des éléments de protection de l'environnement car les ressources de l'environnement constituent le capital premier de tout développement.

La planification est l'outil privilégié des politiques environnementales au Mali. Elle est « un instrument essentiel si l'on veut concilier les impératifs du développement et la nécessité de préserver et d'améliorer l'environnement ». En effet, la protection efficace et pérenne de l'environnement nécessite de la prévision et de l'anticipation. Ainsi, chaque politique environnementale sectorielle donne lieu à l'élaboration et à l'adoption de documents de planification. Le droit intervient dans la formulation de ces politiques environnementales parce qu'il en constitue « le moteur ». « *Il en facilite l'adoption et la mise en œuvre* ». L'implication des structures du ministère de l'Environnement est, à ce titre, essentielle dans cette formulation des politiques. Le ministère veille « (…) *à la prise en compte des questions de Développement durable à l'occasion de la formulation et de la mise en œuvre des politiques publiques* ». Ce rôle permet de faciliter une meilleure protection de l'environnement donc d'appliquer le droit de l'environnement, « partie intégrante du droit du développement », et de garantir ainsi le droit à l'environnement.

On peut retenir :

- **La Politique nationale de protection de l'environnement et son plan d'actions 2019-2023**

La mise en œuvre de la politique nationale de protection de l'environnement, adoptée en 1998, a contribué à la prise en compte des questions environnementales dans les politiques et programmes de développement. Cependant, cette politique a révélé des insuffisances qu'il fallait corriger. C'est dans cette optique que le ministre de l'Environnement, de l'Assainissement et du Développement durable a présenté au Conseil des ministres du 3 juillet 2019 une communication écrite relative à l'actualisation de ladite politique, accompagnée de son plan d'actions 2019-2023. Cette politique vise, d'ici à l'horizon 2030, à promouvoir un développement durable inclusif pour tous les Maliens particulièrement les femmes et les jeunes à travers une gestion durable des ressources naturelles, la protection de l'environnement et la promotion d'une qualité de vie meilleure. Son objectif est d'intégrer la protection de l'environnement dans la conception, la planification et la mise en œuvre des politiques, programmes et activités de développement (v. communiqué). L'approbation formelle de cette politique est consacrée par le Décret n° 2019-0954/P-RM du 5 décembre 2019 (JORM n° 43 du 13 décembre 2019, p. 1709).

L'outil de planification de la politique nationale de protection de l'environnement est le Plan National d'Action Environnementale (PNAE) qui constitue un cadre d'orientation général des activités et un cadre de cohérence global pour orienter les politiques, programmes et activités des organismes qui œuvrent dans le domaine de l'environnement ou qui touchent cette question. C'est le « document de référence dans lequel se trouvent les racines des stratégies sectorielles existantes ou à créer ».

La stratégie nationale de financement de l'environnement et son Plan d'actions 2021-2025 ont été approuvés par le Conseil des ministres du 24 mars 2021 (v. Décret n° 2021-0806/PT-RM du 17 novembre 2021, publié au JORM n° 37 du 3 décembre 2021, p. 1473). Elle « prend en compte les priorités nationales et vise à mobiliser l'ensemble des mécanismes financiers disponibles, y compris la fiscalité écologique en vue d'assurer la mise en œuvre de la politique nationale de la protection de l'environnement ».

- La Politique forestière nationale et son plan d'actions 2018-2022 (Décret n° 2017-0845/P-RM du 9 octobre 2017, publié au JORM n°44 du 3 novembre 2017, p. 1749), veulent responsabiliser les populations rurales et urbaines en vue d'une gestion durable des ressources naturelles, de favoriser et de garantir l'investissement foncier et l'investissement dans les filières forestière, faunique et halieutique, de conserver la diversité biologique et de restaurer les écosystèmes. « *La mise en œuvre des actions préconisées par la politique forestière nationale permettra, notamment :*

  - d'améliorer la contribution du secteur des forêts et de la faune au produit intérieur brut ;

- d'assurer l'équilibre des écosystèmes et la durabilité des ressources naturelles ;

- de renforcer les capacités des acteurs et de dynamiser les cadres de concertation du secteur forestier »[19].

Dans le cadre de la mise en œuvre de cette politique, plusieurs arrêtés d'approbation de plans d'aménagement et de gestion de forêts classées ont été adoptés. Il est possible de citer, parmi les plus récents[20] :

- l'Arrêté n° 2020-3502/MEADD-SG du 31 décembre 2020 *portant approbation du Plan d'aménagement et de gestion de la forêt classée des Monts Mandingues, dans le cercle de Kati*, (JORM n° 5 du 5 février 2021, p. 187) ;

- l'Arrêté n° 2020-3501/MEADD-SG du 31 décembre 2020 *portant approbation du plan d'aménagement et de gestion de la forêt classée de Tienfala, dans le cercle de Kati* (JORM n° 5 du 5 février 2021, p. 187) ;

- l'Arrêté n° 2020-3489/MEADD-SG du 31 décembre 2020 *portant approbation du plan d'aménagement et de gestion de la forêt classée de la Faya, dans le cercle de Kati* (JORM n° du 04 du 29 janvier 2021, p. 146) ;

- l'Arrêté n° 2020-2589/MEADD-SG du 2 novembre 2020 *portant approbation du plan d'aménagement et de gestion de la forêt classée de*

---

19 Conseil des ministres du 1er juin 2017.

20 Diakalia Siaka SIDIBÉ, *Droit de la biodiversité au Mali*, Bamako, L'Harmattan Mali, 2025, pp. 467 et s.

Fangala, dans le cercle de Bafoulabé (JORM n° 30 du 27 novembre 2020, p. 1231) ;

- l'Arrêté n° 2020-2076/MEADD-SG du 3 juin 2020 *portant approbation du plan d'aménagement et de gestion de la forêt classée de MOI, dans le cercle de Ségou* (JORM n° 15 du 12 juin 2020, p. 636) ;

- l'Arrêté n° 2020-0884/MEADD-SG du 10 mars 2020 *portant approbation du plan d'aménagement et de gestion du massif forestier de Tiendaga, dans le cercle de Kolondiéba* (JORM n° 08 du 27 mars 2020, p. 300).

➢ La Politique nationale sur les changements climatiques (Décret n° 2016-0066/P-RM du 15 février 2016, JORM n° 10 du 4 mars 2016, pp. 375-376) constitue le cadre de référence des interventions dans le domaine des changements climatiques au Mali. Sa vision est de « *s'assurer d'ici l'an 2025 de disposer d'un cadre performant de développement socio-économique durable qui intègre les défis des changements climatiques dans tous les secteurs de développement pour améliorer le bien-être des populations* ». Elle vise à « *contribuer à la lutte contre la pauvreté et au développement durable en apportant des solutions appropriées aux défis des changements climatiques afin que ceux-ci ne deviennent* (*sic*) *des facteurs limitants du développement socio-économique* ». C'est ainsi que, selon le rapport 2019 de mise en œuvre du Cadre stratégique pour la relance économique et le développement durable, « *il a été procédé au suivi de la séquestration du carbone dans la zone d'intervention du Projet de Gestion des Ressources Naturelles et Changement Climatique (PGRNCC) avec comme résultat, le gain carbone des investissements GDTE du PGRNCC estimé à 2,9 KT de carbone, soit 10,634 KT de CO2 évité ; à l'intégration de la CDN et des ODD dans 28 PDESC des communes de Nioro du Sahel, Bougouni, Kolondiéba et Yanfolila.* » (p. 16).

Des programmes d'appui à la stratégie nationale d'adaptation aux changements climatiques ainsi que des comités de pilotage sont mis en place. Il est possible, à ce titre, de citer :

- l'Arrêté n° 2016-2223/MEADD-SG du 20 juin 2016 *portant création, attributions, composition et modalités de fonctionnement du comité de pilotage du projet « intensifier la résilience aux changements climatiques à travers une gestion agricole et pastorale intégrée dans la zone sahélienne dans le cadre de l'approche gestion durable des terres »* (JORM n° 17 du 28 avril 2017, p. 667) ;

- l'Arrêté n° 2016-1661 du 30 mai 2016 *portant création, attribution, composition et modalités de fonctionnement du comité national de pilotage du « programme d'appui à l'adaptation aux changements climatiques dans les communes les plus vulnérables des régions de Mopti et de Tombouctou »* (JORM n° 6 du 10 février 2017, p. 218) ;

- l'Arrêté n° 2016-0857 du 18 avril 2016, modifié[21], *portant création, attributions, composition et modalités de fonctionnement du comité national de pilotage du « programme d'appui à la stratégie nationale de l'adaptation aux changements*

[21] La modification ne concerne que la composition du Comité national de pilotage (V. Arrêté n° 2018-3152/MEADD-SG du 28 août 2018 publié au JORM n° 33 du 21 septembre 2028, p. 1326).

climatiques au Mali » et du projet « planification innovante visant l'adaptation aux changements climatiques » (JORM n° 6 du 10 février 2017, p. 217).

Il est créé, depuis 2011, au sein du Conseil national de l'Environnement, le Comité national changements climatiques du Mali, chargé, notamment, d'œuvrer à la mise en œuvre des obligations du Mali liées à la Convention-Cadre des Nations Unies sur les Changements Climatiques (CCNUCC) et de tout accord multilatéral ou bilatéral relatif aux changements climatiques (Décret n° 2011-107/PM-RM du 11 mars 2011, publié au JORM n° 15 du 15 avril 2011, p. 573).

➢ La stratégie nationale des changements climatiques intègre plusieurs axes :

- « *Axe Stratégique I* : Adoption et opérationnalisation du Cadre Institutionnel National Changements Climatiques (CIN CC) ;

- *Axe Stratégique II* : Organisation et promotion de l'accès aux financements en matière de Changements climatiques ;

- *Axe Stratégique III* : Renforcement des capacités nationales et des recherches sur les Changements climatiques ;

- *Axe Stratégique IV* : Renforcement de l'information et de la sensibilisation sur les Changements climatiques ;

- *Axe Stratégique V* : Renforcement du suivi du climat du Mali ;

- *Axe Stratégique VI* : Incitation à la prise en considération des Changements climatiques au niveau des politiques sectorielles ;

- A*xe Stratégique VII* : Incitation à la prise en compte des Changements climatiques au niveau territorial ;

- *Axe Stratégique VIII* : Incitation du secteur privé à participer à l'effort national en matière de Changements climatiques ».

➢ La Politique nationale d'assainissement, (adoptée par le Conseil des ministres du 28 janvier 2009) cherche à « améliorer l'accès de la population du Mali au service public de l'assainissement géré de manière durable au niveau local ». Elle fait référence à quatre objectifs spécifiques :

- réduire durablement l'insalubrité du milieu de vie des populations par des changements de comportement ;

- assurer l'accès des populations à un service durable de l'assainissement ;

- réduire les pollutions et les nuisances sur l'environnement ;

- organiser et développer le sous-secteur de l'assainissement.

C'est ainsi que, par exemple, dans le cadre de la mise en œuvre du programme d'urgence d'assainissement (évacuation des dépôts de transit et curage des collecteurs et caniveaux), des travaux d'évacuation ont porté, dans le District de Bamako en 2019, sur les dépôts d'ordures de transit de Lafiabougou, Médina-Coura et Point G. Ces dépôts (187 355 tonnes d'ordures) ont été évacués vers Noumoubougou, Safo, Sanankoroba et la commune du Mandé par les soins de la Direction nationale de l'Assainissement et du Contrôle des pollutions et des nuisances (rapport 2019 de mise en œuvre du CREDD, p. 16).

➢ La Politique de développement agricole (Décret n° 2016-0066/P-RM du 15 février 2016, JORM n° 10 du 4 mars 2016, p. 376) a pour but de « promouvoir une agriculture durable, moderne et compétitive reposant, prioritairement sur les exploitations familiales agricoles reconnues, sécurisées, à travers la valorisation maximale du potentiel agroécologique et des savoir-faire agricoles du pays et la création d'un environnement propice au développement d'un secteur agricole structuré ».

➢ La Politique nationale de développement de la pêche et de l'aquaculture et de son plan d'actions prioritaires 2012-2015 (Décret n° 2016-0066/P-RM du 15 février 2016, JORM n° 10 du 4 mars 2016, p. 376) cherchent à assurer « la gestion durable des ressources de la pêche et de l'aquaculture au Mali » avec comme objectifs spécifiques : accroître la contribution de la pêche et de la pisciculture à l'économie nationale et améliorer les conditions de vie des communautés de pêche ; accroître la contribution du sous - secteur à la satisfaction des besoins alimentaires du pays; promouvoir un aménagement durable des pêcheries maliennes. La protection de l'environnement est une préoccupation fortement exprimée dans cette politique.

➢ La politique d'urbanisme et d'habitat a pour objectif de contribuer à l'amélioration du cadre de vie des populations. Il s'agit de mettre en place des mesures législatives et réglementaires en vue de l'élaboration d'un code de l'urbanisme ; de mieux contrôler la croissance des villes par un système de planification adapté et efficace ;

d'améliorer qualitativement les conditions de vie des populations ; d'adopter le principe d'aménagement basé sur la participation des actions concernées ; de mettre en place un régime foncier approprié.

➢ La politique nationale de développement de l'élevage vise à « promouvoir le développement du sous-secteur de l'élevage dans une perspective de croissance économique durable et de réduction de la pauvreté ».

➢ La politique nationale de l'eau cherche à contribuer à la lutte contre la pauvreté et de créer les conditions viables au développement durable en apportant des solutions appropriées aux problèmes liés à l'eau. Il s'agit d'éviter que la problématique de l'eau ne devienne un facteur limitant au développement socioéconomique. Le Décret n° 2016-0066/P-RM du 15 février 2016 (JORM n° 10 du 4 mars 2016, p. 376) approuve le plan d'actions de suivi et de contrôle de la qualité de l'eau.

➢ La politique de santé promeut un environnement favorable à la santé pour un développement durable. Il s'agit de réduire l'incidence des maladies liées à l'eau et à l'insalubrité du milieu à travers des interventions de santé environnementale, de développer des structures de santé rurale, des agents de santé villageoise et des caisses de pharmacies villageoises.

➢ La politique minière permet au gouvernement du Mali de « faire du secteur privé le moteur du développement des activités minières, d'une part, en favorisant l'investissement privé dans un cadre réglementaire et institutionnel adéquat et, d'autre part, en supervisant la mise en œuvre de cette politique. Les stratégies de développement du secteur minier définissent un cadre juridique et institutionnel incitatif, lequel cadre renvoie au Code minier la clarification des pouvoirs de l'administration et des procédures de suivi et de surveillance des activités minières et fait du respect de l'environnement un impératif auquel le secteur minier doit être assujetti ».

➢ La politique industrielle « vise, entre autres, à promouvoir les investissements en vue de mobiliser l'épargne nationale ainsi que l'apport de capitaux venant de l'extérieur ; de créer des emplois nationaux, former des cadres et une main-d'œuvre nationale qualifiée ; de créer, étendre et moderniser les infrastructures industrielles et agro sylvo- pastorales » ; etc. Selon le Rapport national 2014 sur l'état de l'environnement au Mali, l'analyse de cette politique indique que les aspects environnementaux sont pris en compte dans la stratégie de développement du secteur industriel et celle de développement des ressources.

➢ La politique énergétique nationale cherche à « contribuer au développement durable du pays, à travers la fourniture des services énergétiques accessibles au plus grand nombre de la population au moindre coût et favorisant la promotion des activités socioéconomiques. Il s'agit, entre autres, d'assurer la protection des personnes, des biens et de l'environnement contre les risques inhérents aux services énergétiques ».

➢ La politique sectorielle des transports vise, entre autres, « à travers son plan d'actions pour l'environnement, à réduire les impacts et nuisances des grands projets de construction/ extension des infrastructures de transports et des systèmes de transports ».

➢ La politique nationale genre du Mali (Conseil des ministres du 24 novembre 2010) a pour vision : « Une société démocratique qui garantit l'épanouissement de toutes les femmes et de tous les hommes grâce au plein exercice de leurs droits égaux fondamentaux, à une citoyenneté active et participative et à l'accès équitable aux ressources, en vue de faire du Mali un pays émergent fort de sa croissance et fier de ses valeurs de justice, de paix, de solidarité et de cohésion sociale ».

➢ La stratégie énergie domestique est élaborée afin de « rationaliser la demande et l'offre en bois de chauffe ». À travers ses axes d'orientation, elle vise à assurer aux populations un accès à l'énergie le plus large possible et à moindre coût et à promouvoir une utilisation rationnelle de l'énergie en vue de préserver les ressources forestières, par la promotion de tous les équipements économes en bois-énergie.

➢ La stratégie nationale de développement durable « repose sur les stratégies et plans existants. Elle vise l'accroissement de la résilience aux changements climatiques, la gestion des ressources naturelles et de conservation de la biodiversité, la lutte contre la pauvreté, la promotion de l'économie verte et des modes de production et consommation durables, etc. ». Le Décret n° 2025-0053/PT-RM du 31 janvier 2025 approuve les documents de « *Mali kura nɛtaasira ka bɛn san 2063 ma* » et de la Stratégie Nationale pour l'Émergence et le Développement Durable (SNEDD) 2024-2033 (JORM n° 04 du 14 février 2025, p. 125).

➢ La stratégie nationale de stabilisation et de sécurisation du bétail malien et son plan d'actions 2025-2029, conformément à « *Mali kura ɲɛtaasira ka ben san 2063 ma* », à la stratégie nationale pour l'émergence et le développement durable 2024-2033 et au cadre stratégique de la refondation de l'État, visent la stabilisation et la sécurisation, à l'horizon 2034, du cheptel sur des espaces aménagés avec une production optimale. Cette stratégie est bâtie autour de quatre (4) axes :

- l'aménagement et la gestion des ressources pastorales ;

- la promotion des cultures fourragères ;

- l'amélioration et la contribution du bétail à la création de richesse et d'emplois ;

- le renforcement des mécanismes de suivi et des mesures d'accompagnement[22].

➢ Le cadre stratégique pour la croissance et la réduction de la pauvreté a pour but de « faire du Mali un pays émergent et une puissance agro-sylvo-pastorale, dotée d'une bonne qualité de vie pour les populations, (…) ». À la lumière de ce cadre stratégique, l'expression économique de l'environnement dans le processus global de développement, sera reconnue comme un facteur de performance des politiques et projets.

➢ Le cadre stratégique pour la relance économique et le développement durable, 2019-2023 (Décret n° 2019-0488/P-RM du 05 juillet 2019, JORM n° 25 du 9 août, p. 449) est le référentiel des politiques et stratégies de développement pour la conception, la mise en œuvre et le suivi-évaluation des différentes politiques et stratégies de développement tant au niveau national que sectoriel. Les actions préconisées par ce cadre stratégique permettent, entre autres, de :

- combler le déficit de gouvernance dans tous les domaines (y compris donc le domaine environnemental) ;

- mieux protéger l'environnement ;

- renforcer la résilience au changement climatique ;

---

[22] V. communiqué du Conseil des ministres du 28 mai 2025.

-etc.[23]

Il prend en compte les objectifs de développement durable et l'Agenda 2063 de l'Union africaine[24].

Le présent ouvrage se divise en quatre parties : l'administration malienne de l'environnement (partie I), la protection de la nature (partie II), les pollutions (partie III), le contentieux de l'environnement (partie IV).

---

[23] V. communiqué du Conseil des ministres du 29 mai 2019.
[24] au.int/fr/agenda2063/vue-ensemble.

Partie I - L'ADMINISTRATION MALIENNE DE L'ENVIRONNEMENT

L'administration malienne de l'environnement est constituée par l'ensemble des agents (fonctionnaires ou contractuels) de l'État et des Collectivités territoriales qui assument au quotidien des fonctions administratives dans le domaine de l'environnement. Ces agents jouent un rôle très important dans la gestion des questions d'environnement, souvent dans l'anonymat. Ils prennent part à l'édiction des normes ou en sont parfois les principaux acteurs. Ils participent aux rencontres internationales sur l'environnement et veillent à la mise en œuvre des normes sur le plan interne. Compte tenu de l'importance et de l'ampleur de leurs tâches, ils doivent être bien formés et bien outillés pour mener à bien le noble combat qui est le leur.

De nombreuses administrations se sont toujours occupées, depuis l'indépendance, des problèmes d'environnement ou de certains de ses éléments (eau, forêts, chasse, pêche). La plus ancienne de ces administrations est celle des Eaux et Forêts. Soumises à de nombreux changements et à différentes appellations, celles-ci ont fini par s'imposer dans l'organisation administrative générale du pays et, depuis un certain temps, dans l'architecture gouvernementale. Le couronnement est la création d'un ministère spécifique chargé de gérer l'ensemble des questions d'environnement (nature, ressources naturelles, cadre de vie). Ce ministère travaille en étroite collaboration avec les institutions de la République telles que l'Assemblée nationale, le Conseil économique, social, environnemental et culturel et plusieurs autres départements ministériels comme ceux chargés de l'Agriculture, de l'Aménagement des milieux, de l'Administration territoriale, de la Santé, etc. De 2015 à nos jours, il lui est confié la mission de veiller « (…) à la prise en compte des questions de Développement durable à l'occasion de la formulation et de la mise en œuvre des politiques publiques » (JORM n° 4 du 14 février 2025, p. 144) (chapitre 1). Les missions du ministère de l'Environnement sont ainsi réparties entre plusieurs administrations, conformément au Décret n° 2025-0069/PM-RM du 3 février 2025 *portant répartition des services publics entre la primature et les départements ministériels*. Il s'agit : des services centraux (chapitre 2), des services déconcentrés (chapitre 3), des services rattachés (chapitre 4), des agences (chapitre 5), des Collectivités territoriales (chapitre 6). D'autres acteurs non étatiques jouent également un rôle complémentaire non négligeable. Il s'agit des personnes privées.

CHAPITRE 1 - LE MINISTÈRE DE L'ENVIRONNEMENT

C'est par le Décret n° 88-152/P-RM du 6 juin 1988 *portant nomination des membres du gouvernement* que, pour la première fois au Mali, un ministère chargé à la fois de la nature, des ressources naturelles et du cadre de vie est créé. Il est associé à l'Élevage et confié à Monsieur Morifing KONÉ, numéro 15 d'un gouvernement de 17 membres. Les attributions de ce ministère étaient fixées par le Décret n° 88-173 du 14 juin 1988 selon lequel, en matière de préservation de l'environnement, il « *prend les mesures nécessaires en vue :*

- *de limiter l'ampleur de l'action destructive de l'homme, par la conservation et la régénération des sols et des pâturages, l'aménagement des forêts, la lutte contre les feux de brousse ;*
- *de diffuser les sources alternatives d'énergie et les foyers améliorés en liaison avec le ministère de l'Energie ;*
- *d'apprécier les risques majeurs d'origine naturelle ou technologique et de définir, en liaison avec les ministres compétents, les moyens de les prévenir et de proposer les mesures propres à en atténuer les effets* » (art. 2).

Dans le domaine de la pêche, il « *veille :*

- *à une exploitation rationnelle des ressources piscicoles ;*
- *au développement de la pisciculture ;*
- *à la modernisation et à la diffusion des techniques d'amélioration de la qualité des produits ;*
- *à l'amélioration des circuits de commercialisation* ».

Avant 1988, les différents ministères chargés du secteur s'occupaient essentiellement de la nature, des ressources naturelles et prenaient des appellations différentes : secrétariat d'État à l'Agriculture, à l'Élevage et aux Eaux et Forêts en 1960, secrétariat d'État à l'Agriculture et aux Eaux et Forêts en 1961, ministère du Développement en 1962, secrétariat d'État à la Présidence de la République chargé de l'Économie rurale en 1966, secrétariat d'État à la Présidence chargé de l'Économie rurale, de l'Énergie et des Industries en 1968, ministère de la Production en 1968, ministère délégué auprès du Comité militaire de Libération nationale chargé du Développement rural en 1968, ministère du Développement rural en 1978, ministère de l'Élevage et des Eaux et Forêts en 1980, ministère du Développement rural en 1982, ministère des Ressources naturelles et de l'Élevage en 1984.

IMPORTANT

Le gouvernement mis en place par le Décret n° 59-103 du 17 avril 1959 du Président du Conseil de la République soudanaise (Modibo KEÏTA) est devenu, par l'article 4 de la Loi n° 60-36 du 22 septembre 1960 érigeant l'Assemblée législative de la République soudanaise en Assemblée nationale de la République du Mali, le Gouvernement provisoire de la République du Mali (JORM n° 65 du 29 septembre 1960, p. II). Ainsi, les membres du Gouvernement provisoire ont reçu intégralement les compétences relevant de leurs départements respectifs qui étaient précédemment cédées à la Fédération du Mali. Ce qui a fait que Salah NIARÉ a demeuré, à l'indépendance, à la tête du secrétariat d'État à l'Agriculture, à l'Élevage et aux Eaux et Forêts[25].

[25] Art. 4 du Décret n° 60-243 du 26 septembre 1960, publié au JORM n° 67 du 15 octobre 1960, p. 810.

Du 6 juin 1988 au 30 avril 2025, le département en charge de l'Environnement a changé, au moins, quinze (15) fois d'appellation :

1- ministère de l'Environnement et de l'Élevage en 1988 ;
2- ministère du Développement rural et de l'Environnement en 1991 ;
3- ministère de l'Agriculture, de l'Élevage et de l'Environnement en 1991 ;
4- ministère du Développement rural et de l'Environnement en 1992 ;
5- ministère de l'Environnement en 1993 ;
6- ministère du Développement rural et de l'Environnement en 1994 ;
7- ministère de l'Environnement en 1997 ;
8- ministère de l'Équipement, de l'Aménagement du territoire de l'Environnement et de l'Urbanisme en 2000 ;
9- ministère du Développement rural et de l'Environnement en 2002 ;
10- ministère de l'Environnement en 2002 ;
11- ministère de l'Environnement et de l'Assainissement en 2004 ;
12- ministère de l'Energie, de l'Eau et de l'Environnement en 2012 ;
13- ministère de l'Environnement et de l'Assainissement en 2012 ;
14- ministère de l'Environnement, de l'Eau et de l'Assainissement en 2014 ;
15- ministère de l'Environnement, de l'Assainissement et du Développement durable depuis 2015.

REMARQUE

Le Décret n° 96-206 du 22 juillet 1996 *portant nomination des membres du Gouvernement* (JORM n° 14 du 31 juillet 1996, p. 519) a créé un ministère chargé des Zones arides et semi-arides avec la mission de définir et de mettre en œuvre, en relation avec les autres départements ministériels, la politique nationale de développement en ce qui concerne les zones arides et semi-arides.

Ce ministère était chargé de coordonner l'élaboration et la mise en œuvre d'une stratégie de développement des zones arides et semi-arides en conformité avec les objectifs et la stratégie de développement économique, social et culturel du pays. Dans ce cadre, il veillait à identifier les obstacles au développement de ces zones et à proposer les mesures aptes à assurer leur développement harmonieux et durable, notamment celles de lutte contre la désertification et de restauration de l'écosystème. Il participait, en synergie avec le ministère du Développement rural et de l'Environnement ainsi qu'avec celui des Mines, de l'Energie et de l'Hydraulique, à la protection et à la mise en valeur du fleuve Niger et à la définition d'un programme intégré de développement autour de Tossaye[26]. Il était confié à Monsieur Tiébilé DRAMÉ, n° 8 d'un gouvernement de 18 membres.

---

[26] Décret n° 96-215/PM-RM du 16 août 1996 *fixant les attributions spécifiques des membres du Gouvernement*, publié au JORM n° 16 du 31 août 1996, p. 574.

La création d'un ministère chargé de l'environnement global, influencée sans doute, même s'il s'agit d'une influence tardive, par la Conférence de Stockholm de 1972 sur l'environnement, a permis d'adopter une vision globale et coordonnée des questions environnementales et d'étendre les textes législatifs et réglementaires à des matières autres que les ressources naturelles. Pourtant, le mot « environnement » était déjà connu du droit malien puisque l'Ordonnance n° 81-24 du 6 août 1981 complétant celle du 13 octobre 1972 *modifiant la loi n° 67-12 du 13 août 1967 fixant la liste des directions nationales des services publics* confiait à la Direction nationale des Eaux et Forêts la mission de concevoir et d'appliquer le « *plan de lutte contre la désertification et l'amélioration de l'environnement* ».

Il est utile de rappeler que c'est à la suite de la première Conférence des Nations Unies sur l'environnement de 1972 qu'il y a eu la prolifération de ministères autonomes en charge de l'environnement dans de nombreux pays, avec des appellations différentes. Cette Conférence est considérée comme le point de départ de la prise de conscience mondiale de l'importance d'une gestion saine de l'environnement. La création de départements ministériels ou d'agences chargées spécialement des questions d'environnement, dans la plupart des pays, est l'une de ses principales conséquences institutionnelles. Certains pays ont créé leurs structures en charge de l'Environnement peu avant le sommet, dans le cadre du processus préparatoire de la Conférence (Grande Bretagne en 1970, France en 1971), d'autres peu après (Sénégal en 1975, Burkina Faso en 1976, Côte d'Ivoire en 1981, Niger en 1982, etc.).

Ce département s'appelle aujourd'hui ministère de l'Environnement, de l'Assainissement et du

Développement durable. Mais, il ne s'appelle ainsi que seulement à partir du 10 janvier 2015 (Décret n° 2015-0004/P-RM du 10 janvier 2015 *portant nomination des membres du gouvernement*, publié au JORM n° 08 du 20 février 2015, p. 285). Il a l'une des plus belles missions du gouvernement : conduire l'action du gouvernement dans les domaines de l'Environnement et de l'Assainissement. Il n'a pas malheureusement les moyens de cette mission. Sa part dans le budget de l'État a rarement atteint 1% (0,98% en 2007 ; 0,49% en 2008 ; 0,93% en 2009 ; 0,71% en 2011 ; 0,86% en 2016 ; 0,80% en 2017 ; 1,25% en 2018 ; 0,64% en 2019 ; 0,93% en 2020 ; 1,22% en 2021 ; 1,08% en 2022 ; 1,06 en 2023 ; 0,58% en 2024).

L'art. 24 du Décret n° 2025-0068/PM-RM du 3 février 2025 lui confie les missions suivantes :

« - *l'amélioration du cadre de vie des populations ;*

- la mise en œuvre d'actions de protection de la nature et de la biodiversité ;

- la lutte contre la dégradation des terres, la désertification, l'ensablement des cours d'eau et les changements climatiques ;

- la préservation des ressources naturelles et le suivi de leur exploitation économique, sociale et durable ;

- l'élaboration et la mise en œuvre des mesures destinées à prévenir ou à réduire les risques écologiques ;

- la promotion du retraitement systématique des eaux usées ;

- la prévention, la réduction ou la suppression des pollutions et nuisances ;

- l'élaboration et le suivi de l'application de la législation relative à la chasse, à l'exploitation des forêts, aux pollutions et aux nuisances ;

- la sauvegarde, l'entretien ou la restauration des forêts classées et des terres dégradées ;

- la création de nouvelles forêts classées ;

- la diffusion des informations environnementales et la formation des citoyens dans le domaine de la Protection de l'Environnement ;

- l'élaboration de stratégies et l'animation de débats publics sur les questions environnementales et de développement durable ainsi que leurs enjeux pour le Mali. ».

De sa création à nos jours, ce ministère a été plusieurs fois fusionné à d'autres avant de s'en détacher. Ainsi, il a fusionné avec :

- le ministère de l'Élevage en 1988 ;
- le ministère du Développement rural en 1991, 1992, 1994, 1997, 2002 ;
- le ministère de l'Agriculture et de l'Élevage en 1991 et 1992 ;
- le ministère de l'Équipement, de l'Aménagement du territoire et de l'Urbanisme en 2000 ;
- le ministère de l'Assainissement de 2004 à 2012 ;
- le ministère de l'Energie et de l'Eau en 2012 ;
- le ministère de l'Eau et de l'Assainissement en 2014 ;

- le ministère de l'Assainissement et du Développement durable depuis 2015.

En dépit des changements de nom, de titulaire et de rattachement, ses compétences sont demeurées fondamentalement les mêmes.

Cependant, au nombre des difficultés ne favorisant pas une bonne lisibilité et la continuité des initiatives de ce département, il convient de relever son instabilité récurrente. Le rapport 2017 sur l'état de l'environnement au Mali, examiné et validé par le Conseil des ministres du mercredi 23 janvier 2019, était pourtant une occasion pour attirer l'attention des plus hautes Autorités sur la nécessité de permettre la continuité des actions entreprises en faveur de l'environnement et de l'application des textes qui le protègent.

Ainsi, d'avril 2011 à avril 2025, c'est-à-dire en 14 ans, le ministère de l'Environnement a changé treize (13) fois de titulaire :

- Monsieur Tiémoko SANGARÉ, JORM n° 20 du 20 mai 2011, p. 768 ;
- Monsieur Alpha Bocar NAFO, JORM n°17 du 27 avril 2012, p. 645 ;
- Monsieur David SAGARA, JORM n° 36 du 7 septembre 2012, p. 1411 ;
- Monsieur Ousmane Ag RHISSA, JORM n° 51 du 21 décembre 2012, p. 2008 ;
- Monsieur Abdoulaye Idrissa MAÏGA, JORM n° 18 du 2 mai 2014, p. 689 ;
- Monsieur Mohamed Ag ERLAF, JORM n° 08 du 20 février 2015, p. 265 ;

- Monsieur Ousmane KONÉ, JORM n° 43 du 2 octobre 2015, p. 1683 ;
- Madame Aïda MBO, JORM n° 32 du 5 août 2016, p. 1258 ;
- Monsieur Housseini Amion GUINDO, JORM n° 14 du 10 mai 2019, p. 498 ;
- Madame Bernadette KEÏTA, JORM n° 24 du 16 octobre 2020, p. 943 ;
- Monsieur Modibo KONÉ, JORM n° 07 du 11 juin 2021, p. 681 ;
- Monsieur Mamadou SAMAKÉ, JORM n° 18 du 14 juillet 2023, p. 706 ;
- Madame Mariam TANGARA, JORM spécial n° 19 du 21 novembre 2024, p. 3.

Il en est de même des problèmes de rattachement de certaines structures du ministère qui font la « navette » entre différents départements ministériels. Cette instabilité du département et à l'intérieur de celui-ci ne favorise pas la lisibilité des actions entreprises en faveur de l'environnement.

Tous les autres départements ministériels ou presque sont impliqués dans la gouvernance environnementale à travers leurs politiques, plans, programmes ou projets. La plupart de ces ministères ont mis en place des structures spécialisées ou des points focaux chargés des questions environnementales.

LA QUINZAINE DE L'ENVIRONNEMENT

En vue de faire progresser l'action en faveur de la protection de l'environnement, il est organisé depuis 2000 sous l'égide du ministère de l'Environnement, de l'Assainissement et Développement durable, la Quinzaine de l'Environnement. Celle-ci se déroule entre la Journée mondiale de l'Environnement, célébrée le 5 juin de chaque année[27], et la Journée internationale de lutte contre la désertification et la sécheresse, célébrée le 17 juin de chaque année[28]. Chaque célébration de journée représente une opportunité d'informer le public, par l'organisation d'activités de sensibilisation et à travers le choix de thèmes spécifiques, sur des enjeux liés à la protection de l'environnement.

[27] Le 15 décembre 1972, l'Assemblée générale des Nations Unies a adopté la résolution A/RES/2994 (XXVII) désignant le 5 juin comme Journée mondiale de l'environnement et « demande instamment aux gouvernements et aux organismes des Nations Unies d'entreprendre chaque année ce jour-là des activités de caractère mondial réaffirmant l'intérêt qu'ils attachent à la protection et à l'amélioration de l'environnement en vue d'approfondir la prise de conscience des problèmes de l'environnement et de donner suite à la volonté exprimée à la Conférence ».

[28] Le 19 décembre 1994, l'Assemblée générale des Nations Unies, par la résolution A/RES/2994 (XXVII), décide de proclamer le 17 juin Journée mondiale de la lutte contre la désertification et la sécheresse, à célébrer à partir de 1995.

CHAPITRE 2 - LES SERVICES CENTRAUX

Les services centraux de l'environnement sont des services de l'État à compétence nationale, situés dans la capitale. Ils sont constitués en directions nationales ou en directions générales, sauf dispositions particulières leur conférant une autre vocation.

Il s'agit de la Direction générale des Eaux et Forêts (Ordonnance n° 2023- 006/PT-RM du 10 février 2023, publiée au JORM n° 03 du 10 février 2023, p. 84, ratifiée par la Loi n° 2023- 021 du 23 mai 2023, publiée au JORM n° 14 du 26 mai 2023) ; de la Direction nationale de l'Assainissement et du Contrôle des pollutions et des nuisances (Ordonnance n° 98-027 du 25 août 1998, publiée au JORM n° 21 du 15 novembre 1998, p. 898, ratifiée par la Loi n° 98-058 du 17 décembre 1998, publiée au JORM n° 04 du 28 février 1999, p. 125) ; de l'Inspection de l'Environnement et de l'Assainissement (l'Ordonnance n° 2012-013 du 19 mars 2012 (JORM n° 12 du 23 mars 2012, p. 445, ratifiée par la Loi n° 2012-062/P-RM du 17 décembre 2012, publiée au JORM n° 51 du 21 décembre 2012, p. 2006).

Il faut ajouter à ces services la Direction des Finances et du Matériel dont la mission est d'élaborer, au niveau de ce département, les éléments de la politique nationale dans les domaines de la gestion des ressources financières et matérielles et de l'approvisionnement des services[29].

---

[29] Ordonnance n° 09-010 du 4 mars 2009 *portant création des Directions des Finances et du Matériel*, publiée au JORM n° 12 du 13 mars 2009, p. 447. Cette ordonnance est ratifiée par la Loi n° 09-010 du 9 juin 2009, publiée au JORM n° 26 du 26 juin 2009, p. 1007.

A - La Direction générale des Eaux et Forêts

La Direction générale des Eaux et Forêts est créée par l'Ordonnance n° 2023- 006/PT-RM du 10 février 2023. Cet important service central du ministère de l'Environnement, de l'Assainissement et du Développement durable qui s'appelait, de juillet 2009 à février 2023, Direction nationale des Eaux et Forêts[30] a connu différentes appellations.

Il est important de préciser que c'est le décret du 4 juillet 1935 fixant le régime forestier de l'Afrique occidentale française (JORF n° 158 du dimanche 7 juillet 1935, pp. 7289 et s.), complété par le décret du 12 avril 1954 (JORF n° 89 du vendredi 16 avril 1954, p. 3715), qui assurait la protection des forêts dans toutes les colonies du groupe de l'Afrique occidentale française. Il a institué un service forestier, sous l'autorité du gouverneur général. Ce décret, comme l'indique le rapport du ministre des Colonies, Monsieur Louis ROLLIN, et du garde des Sceaux, Monsieur Léon BÉRARD, « est motivé par l'insuffisance des réglementations antérieures » relatives à la protection des forêts de l'Ouest africain (décrets du 20 juillet 1900 et du 5 août 1900 relatifs au régime forestier du Sénégal et dépendances et du Dahomey ; décret du 24 mars

---

[30] L'érection de la Direction nationale des Eaux et Forêts en Direction Générale se justifie par la nécessité d'adapter le cadre institutionnel existant à l'envergure de la lutte contre le changement climatique, la désertification et l'exploitation anarchique des ressources forestières et fauniques. Aussi, l'audit des missions et l'audit organisationnel des services centraux et déconcentrés du secteur du Développement Rural/Environnement, réalisé par le Programme de Développement institutionnel, ont révélé des insuffisances liées à la discordance entre les dispositions des textes de création et d'organisation de la Direction nationale et ses services régionaux et subrégionaux (v. communiqué du Conseil des ministres du 1er février 2023).

1901 relatif au régime forestier de la Guinée française). Il tend donc à remédier aux lacunes de ces textes.

Pour rompre avec la réglementation coloniale, le Décret n° 61-207 du 31 mai 1961 (JORM n° 87 du 15 juin 1961, p. 511) réorganise le service des Eaux et Forêts et précise ses attributions, « dans le cadre de l'Institut d'Économie rurale » (v. art. 2). Plus explicite que le décret précité, la Loi n° 63-48 du 31 mai 1963 octroie les attributions des services de l'Agriculture et des Eaux et Forêts à l'Institut d'Économie rurale (JORM n° 147 du 1er juillet 1963, p. 386) et supprime les services de l'Agriculture et des Eaux et Forêts (art. 2) en confiant leurs attributions à l'Institut d'Économie rurale (créé par l'Ordonnance n° 60-59 du 29 novembre 1960) et à la Direction de l'Action rurale, devenue par la même loi « Direction nationale du Développement rural » (art. 1er). La Direction nationale du Développement rural est chargée, entre autres, de la conservation des sols et du reboisement, de la chasse, de la protection de la faune, de la nature et de la pêche[31].

En 1967, le service des Eaux et Forêts, comme ceux de l'Agriculture, de l'Élevage, du Génie rural et de l'Hydraulique rurale, était rattaché à la **Direction nationale de la Production** et placé sous l'autorité du secrétaire d'État chargé de l'Économie rurale, Monsieur Salah NIARÉ (Loi n° 67-12 du 13 avril 1967 *portant fixation de la liste des Directions nationales des services publics de la République*, publiée au JORM n° 250 du 15 mai 1967, p. 233 et Décret n° 67-101/P.G. du 18 juillet 1967 *portant réorganisation des services de la Direction nationale de la*

[31] Décret n° 63-118/PG-RM du 26 juin 1963 *portant réorganisation du service de l'Action rurale*, publié au JORM n° 152 du 15 septembre 1963, p. 565.

Production, publié au JORM n° 256 du 1er août 1967, p. 416). Les attributions de cette direction concernent, entre autres, la protection et le développement des élevages, la protection des végétaux, de la nature et l'aménagement des ressources naturelles (v. Décret n° 68-12 du 18 janvier 1968 fixant les attributions de la Direction nationale de la Production, publié au JORM n° 269 du 15 février 1968, pp. 74-75). Ainsi, c'est l'Arrêté n° 1156/SEER-DNP du 20 décembre 1967 *portant répartition des attributions entre les services de la Direction nationale de la Production* (JORM n° 267 du 15 janvier 1968, p. 40) qui détermine les missions des divisions, des sections et des bureaux relevant du service des Eaux et Forêts.

Le 13 octobre 1972, la Direction nationale de la Production a été éclatée en quatre directions distinctes : la Direction nationale de l'Agriculture, la Direction nationale de l'Élevage, la Direction nationale des Eaux et Forêts et la Direction nationale du Génie rural (Ordonnance n° 44 du 13 octobre 1972 *modifiant la loi n° 67-12 du 13 avril 1967 fixant la liste des directions nationales des services publics*, publiée au JORM n° 388 du 1er novembre 1972, p. 607, complétée par l'Ordonnance n° 81-24 du 6 août 1981, publiée au JORM n° 17 du 1er septembre 1981, p. 3). Cette dernière Ordonnance redéfinit véritablement la mission confiée à la Direction nationale des Eaux et Forêts. Il s'agit de la mise en œuvre de la politique forestière, cynégétique, sylvo- pastorale et piscicole. Elle est chargée en particulier des tâches ci-après :

« - la protection, l'aménagement des sols et des eaux de surface ;

- la protection de l'aménagement (*sic*) et l'exploitation des ressources forestières, sylvopastorales et piscicoles ;

- l'aménagement et l'exploitation des zones de chasse, des parcs nationaux et des réserves de faune ;

- la conception et l'application du plan de lutte contre la désertification et l'amélioration de l'environnement ;

- l'application de la législation et de la réglementation dans ces domaines ».

Le 18 janvier 1995, la Direction nationale des Eaux et Forêts devient la Direction nationale des Ressources forestières, fauniques et halieutiques (JORM n° 03 du 15 février 1995, p. 84). Cette nouvelle direction a pour mission de définir les éléments de la politique nationale en matière forestière, faunique et halieutique et de veiller à sa mise en œuvre.

Ses attributions ont été réparties entre la Direction Nationale de l'Appui au Monde Rural (DNAMR), la Direction Nationale de l'Aménagement et de l'Équipement Rural (DNAER) et la Direction Générale de la Réglementation et du Contrôle du secteur de Développement Rural (DGRC), créées respectivement par les Lois n°s 96-053, 96-054 et 96-055 du 16 octobre 1996.

Ainsi, les différentes missions confiées à ces nouvelles structures se résument comme suit :

- La Direction nationale de l'Appui au monde rural a pour mission d'élaborer les éléments de la politique nationale en matière de promotion du monde rural ainsi que la mise en œuvre de cette politique ;

- La Direction nationale de l'Aménagement et de l'Équipement rural est chargée d'élaborer les éléments de la politique nationale en matière d'aménagement et d'équipement rural ainsi que le suivi et la coordination de la mise en œuvre de ladite politique ;

- La Direction générale de la Réglementation et du Contrôle du secteur de Développement rural s'occupe, entre autres, de la législation et de la réglementation du secteur du développement rural.

Les trois lois précitées abrogent les dispositions :

- i) de la Loi n° 90-016 du 19 avril 1990 portant création de la Direction nationale de l'Action coopérative et du Développement régional et local ;

- ii) de la Loi n° 90-112 du 18 octobre 1990 portant création de la Direction nationale de l'Agriculture ;

- iii) de l'Ordonnance n° 81-38 du 9 novembre 1981 portant création de la Direction nationale de l'Élevage ;

- iv) de la Loi n° 86-82 du 8 août 1986 portant création de la Direction nationale du Génie rural ;

- v) de l'Ordonnance n° 87-04 du 2 avril 1987 portant création du Service national de la Protection des végétaux.

Par la suite, la plupart des dispositions des trois lois sus visées sont abrogées par l'Ordonnance n° 98-025 du 25 août 1998 qui crée la Direction nationale de la Conservation de la nature (JORM n° 21 du 15 novembre 1998, p. 897), ratifiée par la Loi n° 98-056 du 17 décembre 1998 (JORM n° 04 du 28 février 1999, p. 125). Les missions confiées à cette nouvelle direction sont les mêmes que celles de l'ancienne Direction nationale des Eaux et Forêts (v. *supra*).

La Direction nationale de la Conservation de la nature redevient successivement la Direction nationale des Eaux et Forêts suivant la Loi n° 09-028 du 27 juillet 2009 et la Direction générale des Eaux et Forêts suivant l'Ordonnance n° 2023-006/PT-RM du 10 février 2023. La mission de la Direction générale des Eaux et Forêts est « *d'élaborer les éléments de la politique nationale en matière de sécurisation des aires classées et du domaine forestier protégé, de conservation des eaux, des sols, des forêts, des zones humides, de lutte contre la désertification, de gestion durable de la faune et des forêts, de préservation de la diversité biologique des espèces de faune et de flore sauvage, de promotion et de valorisation des produits de la forêt et de la faune et d'assurer la coordination et le contrôle de sa mise en œuvre* (…) » (art. 2 de l'ordonnance sus citée).

B - La Direction nationale de l'Assainissement et du Contrôle des pollutions et des nuisances

La Direction Nationale de l'Assainissement et du Contrôle des Pollutions et des Nuisances (DNACPN) est créée en 1998 (v. *supra*). Elle élabore les éléments de la politique nationale en matière d'assainissement et du contrôle des pollutions et des nuisances et en assure l'exécution. C'est à elle qu'est confiée la gestion du cadre de vie et la supervision des procédures d'Études d'Impact sur l'Environnement (EIE).

Elle élabore et veille au respect des normes nationales en matière d'assainissement, de pollutions et de nuisances. Son rôle le plus difficile, en même temps le plus important, est la formation, l'information et la sensibilisation des citoyens sur les problèmes d'insalubrité, de pollutions et de nuisances, en rapport avec les structures concernées, les Collectivités territoriales et la société civile. Le Décret n° 09-211/P-RM du 8 mai 2009 (JORM n° 22 du 29 mai 2009, p. 850) fixe l'organisation et les modalités de son fonctionnement.

La DNACPN est représentée (v. *infra*, services déconcentrés, dans le domaine de l'Assainissement et du Contrôle des pollutions et des nuisances) :

- au niveau de la région et du District de Bamako par la Direction Régionale de l'Assainissement et du Contrôle des Pollutions et des Nuisances (DRACPN) ;

- au niveau du Cercle et des Communes du District de Bamako par le Service de l'Assainissement et du Contrôle des Pollutions et des Nuisances (SACPN) ;

- au niveau de la Commune ou groupe de Communes par l'Antenne de l'Assainissement et du Contrôle des Pollutions et des Nuisances (AACPN).

Avant la Direction nationale de l'Assainissement et du Contrôle des pollutions et des nuisances, il a existé la Direction nationale de l'Hygiène publique et de l'Assainissement, placée sous l'autorité du ministre chargé de la Santé publique (Décret n° 80-18 du 26 mai 1980, publié au JORM n° 601 du 15 juin 1980, p. 245). Sa mission a été de mener toute action visant à « améliorer les conditions qui, dans le milieu physique de la vie humaine, influent ou sont susceptibles d'influer défavorablement sur la santé des populations ».

Elle a participé également à l'élaboration et à la mise en œuvre de la politique nationale d'hygiène et d'assainissement. Elle a été remplacée par la Direction nationale de la Santé publique qui a gardé les attributions en matière d'hygiène publique et d'assainissement (Ordonnance n° 90-33 du 5 juin 1990, publiée au JORM n° 13 du 15 juillet 1990, p. 452) avant que l'assainissement ne lui soit retiré par l'Ordonnance n° 98-027 du 25 août 1998 qui a créé la Direction nationale de l'Assainissement et du Contrôle des pollutions et des nuisances[32].

C - L'Inspection de l'Environnement et de l'Assainissement

C'est l'Ordonnance n° 2012-013 du 19 mars 2012 (JORM n° 12 du 23 mars 2012, p. 445, ratifiée par la Loi n° 2012-062/P-RM du 17 décembre 2012, publiée au JORM n° 51 du 21 décembre 2012, p. 2006) qui a créé l'Inspection de l'Environnement et de l'Assainissement. Sa mission est de contrôler le fonctionnement et l'action des services et organismes relevant du département chargé de l'Environnement et de l'Assainissement. Elle veille également à l'application des dispositions législatives et règlementaires, notamment celles relatives à la gestion administrative, financière et matérielle et aux normes établies. Elle assiste les services et le personnel par des conseils de gestion ou l'aide à l'organisation et par la mise en œuvre de programmes d'information et de formation pouvant contribuer au renforcement de leurs capacités et à une gestion saine des services et des deniers publics.

L'Inspection de l'Environnement et de l'Assainissement effectue, à la demande du ministre chargé de l'Environnement et de l'Assainissement ou conformément à son programme annuel d'inspection, des missions d'enquête, d'information ou d'étude entrant dans le cadre de ses attributions.

Après le sommet de Rio 1992, il a été mis en place un cadre institutionnel de l'élaboration du plan national d'action environnementale (Décret n° 94-189/PM-RM du 27 mai 1994, publié au JORM n° 11 du 15 juin 1994, p. 366). Le décret qui fixe ce cadre institutionnel et qui ne

---

[32] V. JORM n° 21 du 15 novembre 1998, p. 898.

parle pas de développement durable, conformément à Rio 1992 sera très vite modifié (par le Décret n° 94-232/PM-RM du 6 juillet 1994, publié au JORM n° 14 du 31 juillet 1994, p. 488) puis abrogé et remplacé par le Décret n° 98-415/PM-RM du 24 décembre 1998 *fixant le cadre institutionnel de la gestion des questions environnementales*, (v. JORM n° 05 du 15 mars 1999, p. 182). Ce cadre institutionnel est composé d'un Comité interministériel, d'un Comité consultatif et d'un Secrétariat technique permanent (art. 1er du décret). Il est chargé de :

- faire le point de l'évolution de la situation environnementale dans le pays et proposer au Gouvernement des mesures de sauvegarde de l'environnement et de lutte contre la dégradation de l'environnement et la désertification ;

- veiller à la prise en compte de la dimension environnementale dans la conception des projets de développement et des schémas d'aménagement du territoire ;

- orienter les actions des structures sectorielles impliquées dans la gestion de l'environnement et la lutte contre la désertification ;

- évaluer la mise en œuvre des conventions, traités et accords internationaux que le Mali a ratifiés en matière d'environnement ;

- etc.

Les points focaux des Conventions internationales, dans le domaine de l'environnement, étaient « techniquement » rattachés au Secrétariat technique permanent de ce cadre institutionnel avant qu'un département ne leur soit entièrement consacré au sein de l'Agence de l'Environnement et du Développement durable.

Il est utile de rappeler que déjà en mai 1995, il a été créé un organe consultatif interministériel dénommé Conseil supérieur de l'Environnement (voir Décret n° 95-202/PM-RM du 17 mai 1995, publié au JORM n° 14 du 31 juillet 1995, p. 541). Le décret qui le crée est justement remplacé par celui du 24 décembre 1998 ci-dessus indiqué. Ses missions étaient, entre autres, d'assurer la coordination et le suivi de la politique du gouvernement en matière d'environnement, de coordonner et d'harmoniser les activités des structures impliquées dans la gestion de l'environnement et l'amélioration du cadre de vie.

Le **Conseil national de l'Environnement** est aussi un organe consultatif créé en 2010 (JORM n° 35 du 27 août 2010, p. 1376) auprès du ministère chargé de l'Environnement. Sa mission est de « (...) *donner un avis et formuler des propositions et recommandations sur les questions se rapportant à l'Environnement* ». Ses membres viennent tant du secteur public que du secteur privé, du monde des associations, de la société civile et des collectivités territoriales. Son secrétariat est assuré par l'Agence de l'Environnement et du Développement durable.

Il a été créé au sein de ce Conseil un comité national Changements Climatiques. Ce Comité est créé en 2011 (JORM n° 15 du 15 avril 2011, p. 573) en application de la Convention-cadre des Nations Unies sur les changements climatiques, de la Convention sur la diversité biologique, de la Convention des Nations Unies sur la lutte contre la désertification dans les pays gravement touchés par la sécheresse et / ou la désertification. Il intervient sur toutes les questions liées aux changements climatiques (rapport 2014 sur l'état de l'environnement au Mali, p. 87).

Le Conseil national de l'Environnement est représenté au niveau régional et local par les comités régionaux et locaux d'orientation, de coordination et de suivi des actions de développement sur les dossiers soumis à son appréciation. L'avis de ces organes est requis par le Conseil national de l'Environnement pour toutes questions environnementales touchant leurs territoires. Les comités d'orientation, de coordination et de suivi des actions de développement ont été créés au niveau des régions, des cercles et des communes en 2008 (Décret n° 08-095/P-RM du 21 février 2008 *portant création des comités régionaux, locaux et communaux d'orientation, de coordination et de suivi des actions de développement*, publié au JORM n° 12 du 21 mars 2008, p. 446). Ils ont pour mission de « (…) *promouvoir la synergie des actions de développement entre les intervenants* » (art. 2 du décret) dans les régions, cercles et communes, en donnant entre autres des avis sur les stratégies et programmes de développement et de suivre leur mise en œuvre. Ces actions de développement incluent l'environnement. Ces comités sont présidés au niveau de la région par le gouverneur, au niveau du cercle par le préfet et au niveau de l'arrondissement par le sous-préfet.

Les directions nationale et générale, sus étudiées, sont déconcentrées aux niveaux des régions et du District de Bamako, des cercles et des arrondissements.

CHAPITRE 3 - LES SERVICES DÉCONCENTRÉS

Les services régionaux et subrégionaux sont des services déconcentrés de l'État accomplissant dans le ressort territorial de la circonscription à laquelle ils appartiennent, une partie des missions confiées aux services centraux dont ils relèvent techniquement. Les services régionaux et subrégionaux comportent :

- les services propres des circonscriptions administratives,

- les directions techniques régionales et les services techniques subrégionaux.

C'est sur les directions techniques régionales et les services techniques subrégionaux que s'appuie l'administration centrale dont ils constituent le prolongement. Ils ont des missions de coordination, de consultation, de soutien et de gestion définies par leur texte de création (v. le Décret n° 2024-0088/PT-RM du 16 février 2024 *portant création des services régionaux et subrégionaux des Eaux et Forêts*, publié au JORM n° 03 du 23 février 2024, p. 91). Ils ont des moyens modestes.

Ce qui constitue une des sources de leur faiblesse. Normalement, lorsqu'il n'existe pas de services rattachés directement au ministère de l'Environnement dans une localité, celui-ci s'appuie sur les services des autres départements ministériels. Le principe de subsidiarité devrait conduire à ce que les problèmes d'environnement et de développement soient mieux traités à ces niveaux de décision, mais la technicité et la complexité des questions d'environnement ont conduit l'État à jouer, ici aussi, un rôle de locomotive. Néanmoins, ces services déconcentrés constituent véritablement la cheville ouvrière de l'administration générale dans ce domaine.

Dans le domaine des Eaux et Forêts, il est mis en place des services techniques au niveau des régions ou du District, des cercles et des arrondissements.

La Direction régionale des Eaux et Forêts est placée sous l'autorité administrative du gouverneur de région ou du District de Bamako et sous l'autorité technique du directeur général des Eaux et Forêts. C'est donc le gouverneur de région ou du District, en sa qualité de représentant de l'État, qui veille, en premier lieu, au respect des orientations de la politique environnementale du Gouvernement au niveau de la région ou du District. Il reçoit à cet effet les instructions et les délégations nécessaires du ministre de l'Environnement (art. 7 du Décret n° 2015-0067/P-RM du 13 février 2015, modifié, *fixant les conditions de nomination et les attributions des Chefs des Circonscriptions administratives*, publié au JORM n° 07 du 13 février 2015, p. 249). Il répercute ces instructions sur les préfets dans les cercles et sur les autres chefs de services déconcentrés de l'État dans la région.

REMARQUE

L'art. 7 du Décret n° 2023-0587/PT-RM du 11 octobre 2023 *fixant les conditions de nomination et les attributions des représentants de l'État dans le District de Bamako et dans les arrondissements qui le composent*, contrairement à l'art. 7 du Décret n° 2015-0067/P-RM du 13 février 2015, modifié, *fixant les conditions de nomination et les attributions des chefs des Circonscriptions administratives*, limite les attributions du gouverneur du District « *au respect des orientations de la politique économique et sociale du Gouvernement* ». Ce dernier décret indique pourtant que le gouverneur de région *« veille au respect des orientations de la politique économique, sociale, culturelle et environnementale du Gouvernement au niveau de la région* ».

La différence rédactionnelle des deux textes est trompeuse. Il convient de retenir que le gouverneur du District veille aussi au respect des orientations de la politique environnementale du Gouvernement et reçoit, à ce titre, les instructions et les délégations nécessaires du ministre chargé de l'Environnement, dans la mesure où il est responsable de la réalisation des objectifs nationaux de développement assignés aux services et organismes publics de l'État dans le District. C'est sous son impulsion que ces services et organismes inscrivent leurs actions dans le cadre de la politique générale de la Nation. C'est pourquoi il est investi des fonctions d'inspection et de contrôle des services et organismes publics ou parapublics présents dans le District de Bamako.

Vient ensuite le directeur régional des Eaux et Forêts chargé de la conception, de la coordination, du contrôle et de la gestion des activités des services subrégionaux sur le territoire de la région et du District.

Le directeur régional est nommé par arrêté du ministre chargé des Eaux et Forêts, sur proposition du directeur général des Eaux et Forêts (art. 4 et 3 du Décret n° 2024-0088 précité).

Placé sous l'autorité administrative du préfet de cercle et sous l'autorité technique du directeur régional des Eaux et Forêts, le service local des Eaux et Forêts a pour mission d'assurer les fonctions de relais notamment en matière de soutien, de coordination, de contrôle et de gestion dans le domaine des Eaux et Forêts à l'égard des services déconcentrés d'Arrondissement. Il est dirigé par un chef de service local, nommé par décision du gouverneur de région ou du District de Bamako, sur proposition du directeur régional des Eaux et Forêts (art. 8 et 7 du décret). Le service local des Eaux et Forêts a remplacé l'ancien cantonnement des Eaux et Forêts.

Le poste des Eaux et Forêts est chargé de mener les fonctions de gestion liées à la durabilité de la faune et des ressources forestières. Il intègre l'Unité de Contrôle forestier et de Surveillance et est dirigé par un chef de poste, nommé par décision du gouverneur de région ou du District de Bamako, sur proposition du directeur régional des Eaux et Forêts.

Dans le domaine de l'Assainissement et du Contrôle des pollutions et des nuisances, il est créé, au niveau de chaque région et du District de Bamako, une direction régionale de l'Assainissement et du Contrôle des pollutions et des nuisances ayant pour mission de traduire sous forme de programmes et de projets les grandes orientations de l'État en matière de politique d'assainissement et du contrôle des pollutions et des nuisances et d'en assurer la coordination et le contrôle de la mise en œuvre (Décret n° 09-213/P-RM du 8 mai 2009 *portant création des directions régionales et des services subrégionaux de l'Assainissement et du Contrôle des pollutions et des nuisances*, publié au JORM n° 22 du 29 mai 2009, p. 854). Dans le cadre cette mission, elle est chargée de :

« - *analyser les rapports d'Études d'Impact Environnemental et Social (EIES) et suivre la mise en œuvre du Plan de Gestion Environnemental et Social (PGES) ;*

- *suivre l'audit des programmes et projets de développement ;*

- *appuyer les collectivités territoriales dans l'élaboration des Plans Stratégiques d'Assainissement (PSA) et Schémas Directeur d'Assainissement (SDA) et suivre leur mise en œuvre ;*

- *élaborer et mettre en œuvre les stratégies et programmes régionaux de vulgarisation, de communication et d'appui conseil en matière d'assainissement et de contrôle des pollutions et des nuisances ;*

- *veiller à l'application des Conventions, Accords et Traités Internationaux relatifs à l'assainissement et aux pollutions et nuisances ;*

- *mettre en œuvre les programmes nationaux en matière de communication ;*

- *organiser des intermédiations sociales entre les différents acteurs de l'assainissement ; assurer le suivi et la supervision des activités des services subrégionaux* ».

Ce rôle est assuré, au niveau de chaque cercle et de chaque commune du District de Bamako par un service technique dénommé service de l'Assainissement et du contrôle des pollutions et des nuisances (art. 4 du décret précité). Au niveau des autres communes, ce service est dénommé Antenne de l'Assainissement et du Contrôle des pollutions et des nuisances.

Un Code de déontologie encadre les missions des agents de l'Assainissement et du Contrôle des pollutions et des nuisances (Décret n° 2012-356/P-RM du 29 juin 2012, publié au JORM n° 29 du 20 juillet 2012, p. 1123).

CHAPITRE 4 - LES SERVICES RATTACHÉS

Le Décret n° 2025-0069/PM-RM du 3 février 2025 portant répartition des services publics entre la primature et les départements ministériels rattache au ministère de l'Environnement, de l'Assainissement et du Développement durable deux importants services : la Cellule d'appui à la Décentralisation/Déconcentration de l'environnement et de l'assainissement (A) et la Cellule de Planification et de Statistique du secteur Eau, Environnement, Urbanisme et Domaines de l'État (B).

A - La Cellule d'appui à la Décentralisation/Déconcentration de l'environnement et de l'assainissement

Créée par le Décret n° 09-584/PM-RM du 29 octobre 2009 (JORM n° 49 du 4 décembre 2009, p. 1949), la Cellule d'appui à la Décentralisation/Déconcentration de l'Environnement et de l'Assainissement a pour mission d'impulser le processus de décentralisation et de déconcentration au sein du ministère de l'Environnement et de l'Assainissement. À ce titre, elle est chargée de :

- inventorier les compétences et les ressources à transférer aux collectivités territoriales ;
- suivre le processus de transfert des compétences et des ressources de l'État aux collectivités territoriales en matière de gestion des ressources forestières et fauniques et en matière d'assainissement ;
- appuyer les services déconcentrés du département ;
- proposer au ministre de l'Environnement toute mesure tendant à assurer le transfert des ressources et des compétences aux Collectivités territoriales en matière de gestion des ressources forestières et fauniques et en matière d'assainissement ;

- préparer les projets de textes règlementaires devant fixer les détails des compétences à transférer en matière de gestion des ressources forestières et fauniques et en matière d'assainissement ;
- concevoir et diffuser les outils d'accompagnement des Collectivités territoriales dans l'exercice de leurs compétences en matière de gestion des ressources forestières, fauniques et en matière d'assainissement...

C'est dans le cadre de l'accomplissement de cette mission, qu'ont été adoptés le Décret n° 2014- 0572/ P- RM du 22 juillet 2014 fixant le détail des compétences transférées de l'État aux collectivités territoriales dans le domaine de l'assainissement et de la lutte contre les pollutions et les nuisances (JORM n° 36 du 5 septembre 2014, p. 1423) et le Décret n° 2018-0079/ P-RM du 29 janvier 2018 fixant le détail des compétences de l'État transférées aux Collectivités territoriales en matière de gestion des Ressources forestières et fauniques (JORM n° 7 du 16 février 2018, p. 288).

L'Arrêté n° 0204/MEA-SG du 28 janvier 2010 (JORM n° 02 du 14 janvier 2011, p. 64) fixe l'organisation et les modalités de son fonctionnement.

B - La Cellule de Planification et de Statistique du secteur Eau, Environnement, Urbanisme et Domaines de l'État

C'est d'abord l'Ordonnance n° 92-052 du 5 juin 1992 (JORM n° 13 du 15 juillet 1992, p. 450) qui a créé au sein de certains départements ministériels les Cellules de Planification et de Statistique (CPS). Il s'agit des départements chargés de l'Agriculture, de l'Élevage, de l'Environnement, des Transports, des Travaux publics, de l'Habitat, de l'Éducation nationale, des Mines, de l'Hydraulique, de l'Energie, de la Santé publique, de l'Action sociale et de la Promotion féminine (art. 5). Ces Cellules avaient la mission d'assurer, en rapport avec les services techniques concernés, la planification et l'information statistique dans les domaines couverts par les secteurs.

Ensuite, la Loi n° 07-020 du 27 février 2007 (JORM n° 15 du 31 mai 2007, p. 565) qui abroge l'Ordonnance n° 92-052 crée les CPS par secteur couvrant les activités d'un ou de plusieurs départements ministériels (art. 1er). C'est ainsi que le Décret n° 07-166/P-RM du 28 mai 2007 (JORM n° 22 du 10 août 2007, p. 844) fixant l'organisation et les modalités de fonctionnement des CPS confie les activités des ministères chargés de l'Eau, de l'Environnement, de l'Urbanisme, de l'Habitat, des Domaines de l'État et des Affaires foncières à la Cellule chargée du secteur Eau, Environnement, Urbanisme et Domaines de l'État et rattache celle-ci au secrétariat général du ministère chargé de l'Environnement (art. 2 et 3). Elle est chargée, entre autres, de coordonner la préparation des plans, programmes et projets ainsi que l'analyse des politiques et stratégies ; de suivre et d'évaluer les plans, programmes et projets de développement sectoriels et veiller à leur cohérence intra sectorielle et spatiale.

CHAPITRE 5 - LES AGENCES DE PROTECTION DE L'ENVIRONNEMENT

Conformément à la Loi n° 90-110/AN-RM du 18 octobre 1990, modifiée, portant principes fondamentaux de la création, de l'organisation et du fonctionnement des établissements publics à caractère administratif, il est créé, sous la tutelle du ministère de l'Environnement, quatre agences auxquelles sont assignées des missions de gestion, de coordination et d'information dans des domaines spécifiques de l'environnement (voir le Décret n° 2025-0069/PM-RM du 3 février 2025 *portant répartition des services publics entre la primature et les départements ministériels,* publié au JORM n° 4 du 14 février 2025, p. 145). Il s'agit de :

- l'Agence nationale de la Grande Muraille Verte (ANGMV) ;

- l'Agence nationale de Gestion des Stations d'Épuration du Mali (ANGESEM) ;

- l'Agence du Bassin du Fleuve Niger (ABFN) ;

- l'Agence de l'Environnement et du Développement Durable (AEDD).

A - Agence Nationale de la Grande Muraille verte

En application de la Convention *portant création de l'Agence panafricaine de la Grande Muraille Verte*, adoptée à N'Djaména le 17 juin 2010 (ratifiée par le Décret n° 2011-684/P-RM du 14 octobre 2011, publié au JORM, n° 48 du 2 décembre 2011, p. 1898), l'Ordonnance n° 2019-016/P-RM du 20 septembre 2019 crée l'Agence nationale de la Grande Muraille verte (JORM n° 34 du 11 octobre 2019, p. 1298). Il s'agit d'un établissement public à caractère administratif dont la mission est de réaliser, sur le territoire du Mali, le programme continental de la Grande muraille verte contre l'avancée du désert, sur une distance de 2 066 km de long et 215 km de large, entre les isohyètes 100 et 400 mm. Elle est chargée, selon l'art. 2 de l'Ordonnance, ci-haut citée :

- « d'assurer l'exécution, la coordination et le suivi du projet continental de la Grande Muraille Verte (GMV) au Mali ;
- de concevoir et d'appuyer l'élaboration de plans, projets et programmes dans le segment national de la GMV ;
- de mettre en œuvre les programmes et les décisions de l'Agence panafricaine de la Grande Muraille Verte en rapport avec les institutions et structures nationales concernées ;
- de renforcer la résilience des populations dans les zones arides et semi-arides du segment national de la GMV face au changement climatique, la désertification et la dégradation de la diversité biologique ;
- de contribuer au renforcement des compétences et capacités opérationnelles des acteurs étatiques et non étatiques impliqués dans la mise en œuvre de la GMV ;
- de mettre en œuvre une stratégie globale de communication autour de la GMV ;
- de promouvoir le partenariat et la synergie d'actions entre les acteurs de mise en œuvre de la GMV. »

Le Décret n° 2019-0765/P-RM du 30 septembre 2019 (publié au JORM n° 39 du 15 novembre 2019, p. 1509) fixe l'organisation et les modalités de son fonctionnement. Un cadre politique, chargé de veiller à la prise en compte de l'initiative de cette Grande Muraille verte dans les politiques et stratégies nationales a été récemment institué et rattaché à la Primature par le Décret n° 2021-0891/PM-RM du 10 décembre 2021 (JORM n° 38 du 10 décembre 2021, p. 1538).

B - Agence Nationale de Gestion des Stations d'Épuration du Mali

L'Agence nationale de gestion des stations d'épuration du Mali est créée d'abord en 2007 par l'Ordonnance n° 07-015 du 28 mars 2007 (ratifiée par la Loi n° 07 du 28 juin 2007, publiée au JORM n° 21 du 31 juillet 2007, p. 806) puis par l'Ordonnance n° 2020-007 du 18 novembre 2020 (JORM n° 30 du 27 novembre 2020, p. 1211, ratifiée par la Loi n° 2021-011 du 8 mars 2021, publiée au JORM n° 08 du 12 mars 2021, p. 281). L'adoption de cette deuxième ordonnance se justifiait par le fait que l'Agence avait connu des difficultés de fonctionnement liées notamment à l'effectivité du transfert de certaines compétences aux Collectivités territoriales dans le domaine de l'assainissement et de la lutte contre les pollutions et les nuisances[33]. Dans le cadre donc de la mise en œuvre de la décentralisation, le nouveau texte et son décret d'application clarifient et recentrent les missions de l'Agence : « (…) assurer la gestion durable des stations d'épuration des eaux usées et ouvrages annexes » (art. 2 de l'ordonnance). Elle promeut et veille à la gestion des ouvrages d'assainissement suivant les normes établies en la matière. Elle est également chargée d'identifier, organiser et renforcer les capacités d'étude, de réalisation des infrastructures d'assainissement. Elle contribue à l'élaboration des éléments de politique et stratégies de gestion des eaux usées et des gadoues.

---

[33] V. Communiqué du Conseil des ministres du 28 octobre 2020.

Le Décret n° 2020-0180/PT-RM du 18 novembre 2020 (JORM n° 30 du 27 novembre 2020, p. 1212) fixe l'organisation et les modalités de son fonctionnement.

C - Agence du Bassin du Fleuve Niger

L'Agence du Bassin du Fleuve Niger qui a pour mission « la sauvegarde du fleuve Niger, de ses affluents et de leurs bassins versants, sur le territoire de la République du Mali et la gestion intégrée de ses ressources » est créée par l'Ordonnance n° 02-049/P-RM du 29 mars 2002 (JORM n° 12 du 30 avril 2002, p. 443). Cette agence joue un rôle important dans la protection des berges et les versants du fleuve Niger contre l'érosion et l'ensablement. Ses missions s'étendent à la protection de tous les écosystèmes terrestres et aquatiques du fleuve. Cet important fleuve joue un rôle vital dans l'économie du pays qu'il traverse sur plus de mille kilomètres. Ses eaux servent aux usages domestiques, à l'irrigation, à l'abreuvage des animaux, à la production d'électricité, etc. Elle a rédigé son premier rapport sur l'état du fleuve Niger en décembre 2018 (présenté au Conseil des ministres du 17 juillet 2019). Faute de financement, il n'y a pas encore eu de second rapport, au 30 avril 2025.

Le Décret n° 02-289/P-RM du 30 mai 2002 (JORM n° 19 du 10 juillet 2002, p. 732) fixe son organisation et les modalités de son fonctionnement.

D - Agence de l'Environnement et du Développement Durable

Créée en 2010, l'Agence de l'Environnement et du Développement durable est un Établissement public national à caractère administratif dont la mission est d'« (…) *assurer la coordination de la mise en œuvre de la*

Politique Nationale de Protection de l'Environnement et de veiller à l'intégration de la dimension environnementale dans toutes les politiques » (art. 2 de la Loi n° 10 - 027 du 12 juillet 2010, publiée au JORM n° 32 du 6 août 2010, p. 1243). Elle est chargée de :

- « *renforcer les capacités des acteurs impliqués dans la gestion de l'environnement, la lutte contre la désertification, les changements climatiques et le développement durable à travers l'élaboration des modules, des supports d'information, d'éducation et de communication, les sessions de formation, d'information et de sensibilisation ;*

- *suivre les mécanismes financiers et la mobilisation des financements concernant la protection de l'environnement, la lutte contre la désertification, les changements climatiques et le développement durable ;*

- *assurer la coordination et le suivi de la mise en œuvre des Conventions, Accords et Traités internationaux ratifiés par le Mali en matière d'environnement, de lutte contre la désertification, de changements climatiques et du développement durable ;*

- *contribuer à la prise en compte de la dimension environnementale dans la conception des programmes et projets de développement et des schémas d'aménagement du territoire à travers l'élaboration des guides de cohérence des actions environnementales, l'appui conseil aux Collectivités Territoriales ;*

- *élaborer le Rapport National sur l'état de l'environnement;*

- *suivre la mise en œuvre des recommandations formulées par le Conseil National de l'Environnement ;*

- *collecter les données et produire des statistiques sur l'Environnement et le Développement Durable ;*

- *diffuser les résultats de la recherche sur la biotechnologie relative à la sauvegarde de l'environnement, la lutte contre la désertification ainsi qu'au changement climatique et au développement durable ;*

- *participer à la mise en œuvre des programmes du Plan d'Action Environnementale* ».

Le Décret n° 2019-0353/P-RM du 29 mai 2019 fixe l'organisation et les modalités de son fonctionnement (JORM n° 16 du 7 juin 2019, p. 588).

CHAPITRE 6 - LES COLLECTIVITÉS TERRITORIALES

La Loi n° 2017-052 du 2 octobre 2017, modifiée[34], déterminant les conditions de la libre administration des Collectivités territoriales (JORM n° 40 du 6 octobre 2017, p. 30) précise que « *Dans le respect de l'unité nationale et de l'intégrité du territoire, les Collectivités territoriales de la République du Mali sont : la Commune, la Région et le District.* » (art. 1er nouveau).

Ces Collectivités territoriales veillent à la sauvegarde de l'équilibre écologique de leurs territoires en mettant en œuvre des activités de gestion, de conservation et d'amélioration de l'environnement. En effet, « (…) *ce sont les collectivités locales qui construisent, exploitent et entretiennent les infrastructures économiques, sociales et environnementales, qui surveillent les processus de planification, qui fixent les orientations et la réglementation locales en matière d'environnement et qui apportent leur concours à l'application des politiques de l'environnement adoptées à l'échelon national ou infranational* » (Action 21, 1992, principe 28.1). Malgré l'importance de leur rôle, de l'adoption des Décrets n° 2014-0572 et n° 2018-0079 susvisés, le transfert des compétences et des ressources dans le domaine de l'environnement n'est pas encore effectif. Doit-on d'ailleurs parler véritablement de transfert de compétences dans le domaine de l'environnement ? Il ne doit s'agir que de partage de compétences ou de responsabilités partagées (expression chère à Michel PRIEUR) dans la mesure où État et Collectivités territoriales concourent à la protection

---

[34] Elle est modifiée par la Loi n° 2023-003 du 13 mars 2023 (JORM n° 06 du 17 mars 2023, p. 206). C'est cette loi qui supprime la Collectivité territoriale de cercle (v. art. 1er nouveau).

de l'environnement et à l'amélioration du cadre de vie. Il ne doit pas s'agir pour l'État de se décharger d'un rôle fondamental. D'ailleurs, ses services centraux ou déconcentrés gardent et exercent l'essentiel des tâches sans oublier les subventions qu'il accorde à ces entités. C'est ce qui fait que le mouvement général de décentralisation n'a pas véritablement affecté l'environnement. Mais, les collectivités territoriales disposent d'un domaine de ressources naturelles qui leur est propre et dont la gestion leur incombe. Elles sont ainsi « (...) *responsables de la gestion, de l'aménagement, de la conservation et de la sauvegarde de l'équilibre écologique de leur domaine* ». Leur schéma d'aménagement précise les domaines forestier, agricole, pastoral, faunique, piscicole, minier, de l'habitat.

Les états généraux de la décentralisation, organisés par le gouvernement du Mali en octobre 2013, ont révélé que malgré les insuffisances relevées, la décentralisation apparaît comme une option incontournable dans la recherche d'une meilleure gouvernance démocratique du pays. À ce titre, les Collectivités territoriales jouent un rôle important dans la gestion, l'aménagement, la conservation et la sauvegarde de l'équilibre écologique de leurs territoires. Ce constat s'est traduit par leur responsabilisation dans le domaine de l'environnement et des ressources naturelles, notamment en matière d'assainissement, de lutte contre les pollutions et les nuisances, de gestion forestière, faunique, domaniale et foncière. S'en est suivie, conformément à l'art. 305 de l'ancien Code des Collectivités territoriales, l'adoption du Décret n° 2014- 0572/ P- RM du 22 juillet 2014 fixant le détail des compétences transférées de l'État aux collectivités territoriales dans le domaine de l'assainissement et de la lutte contre les pollutions et les nuisances (JORM n° 36 du 5 septembre 2014, p. 1423) et du Décret n° 2018-0079/ P-RM du 29 janvier 2018 fixant le détail des compétences de l'État transférées aux Collectivités territoriales en matière de gestion des Ressources forestières et fauniques (JORM n° 7 du 16 février 2018, p. 288). Mais, le territoire malien étant le patrimoine commun de la nation, l'État peut, pour des raisons d'intérêt général ou d'utilité publique, reprendre la gestion d'une partie de son domaine public naturel ou artificiel à une collectivité territoriale (art. 12 de la Loi n° 2017-052, modifiée).

Les Collectivités territoriales reçoivent l'appui technique et l'appui-conseil des services techniques déconcentrés de l'État, des centres de conseil communal et de tous les autres acteurs et partenaires du développement local. Les organes de ces collectivités sont ceux des régions et du District (chapitre 1), mais aussi les organes communaux (chapitre 2). Les compétences des organes régionaux dans le domaine de l'environnement sont moins étendues que celles des communes.

A - Les organes régionaux de gestion de l'environnement

Plus de cent quatre-vingt-dix (190) pays, conscients de la valeur intrinsèque des divers éléments de l'environnement sur les plans génétique, social, économique, scientifique, éducatif, culturel, récréatif et esthétique, se sont engagés à Johannesburg, en 2002, à « (…) *faire progresser, aux niveaux local, national, régional et mondial, le développement économique, le développement social et la protection de l'environnement, piliers interdépendants et complémentaires du développement durable* » (Déclaration de Johannesburg sur le développement durable, point 5). La Convention de 1994 sur la lutte contre la désertification dans les pays gravement touchés par la sécheresse et/ou la désertification, en particulier en Afrique, met un accent particulier sur le rôle de la population locale à tous les niveaux. Cela signifie que les collectivités décentralisées constituent le socle sur lequel doivent se bâtir les fondements de cette responsabilité des États. Leurs organes doivent être sensibilisés aux enjeux de ce nouveau défi. Au Mali, en plus des conseils (organes délibérants) et bureaux communaux (organes exécutifs), on distingue les conseils régionaux et du District. La Collectivité territoriale de Cercle étant supprimée par la loi du 13 mars 2023 précitée.

Les conseils délibèrent sur les affaires relatives à la lutte contre les pollutions et les nuisances, à la gestion des ressources forestières, fauniques et halieutiques, aux activités agricoles et de santé animale, etc. Ils sont consultés pour la réalisation de tout projet de l'État ou de tout organisme public ou privé concernant l'environnement. Les membres de ces conseils mettent en place des bureaux chargés de l'exécution de leurs décisions en matière d'environnement.

Le rôle le plus important est joué à l'échelon inférieur, celui des communes.

B - Les organes communaux de gestion de l'environnement

De toutes les Collectivités territoriales, ce sont les communes, échelon de base, qui disposent des compétences les plus importantes dans le champ de l'environnement. Les services relatifs à la voirie, aux collecteurs de drainage et d'égouts, à l'organisation des activités de production agricole et de santé animale, aux plans d'occupation du sol et aux opérations d'aménagement de l'espace communal relèvent de leurs compétences. Beaucoup de leurs politiques peuvent leur permettre directement d'assurer la protection de l'environnement. Mais, malheureusement c'est dans ce domaine que d'énormes efforts d'amour de la patrie et du sens élevé du devoir sont à accomplir. Car, la gouvernance locale, dans la plupart des communes, est guidée non pas fondamentalement par des actions de protection de l'environnement ou de développement, mais par l'entretien de réseaux de spéculations, de malversations et d'enrichissements personnels. C'est à ce titre d'ailleurs que les Décrets n°s 2023-0722, 2023-0723 et 2023-0724 du 30 novembre 2023 ont dissout le conseil du District de Bamako et les conseils communaux des communes II et IV du District de Bamako « *pour fautes graves se traduisant par une rupture des services rendus aux populations en matière d'assainissement* (...) *ainsi que des irrégularités dans la gestion administrative, financière et comptable des ressources financières* » (JORM n° 35 du 8 décembre 2023, pp. 1412-1414).

Ont été également dissouts, pour fautes graves se traduisant par la rupture de fourniture des services sociaux de base ou des services de qualité rendus aux populations, notamment en matière d'hygiène et d'assainissement, les conseils communaux des communes de :

- Yélékébougou, région de Koulikoro (Décret n° 2025-0062/PT-RM du 3 février 2025) ;

- Faléa, région de Kayes (Décret n° 2025-0088/PT-RM du 14 février 2025) ;

- Sagalo, région de Kayes (Décret n° 2025-0089/PT-RM du 14 février 2025) ;

- Tombouctou (Décret n° 2025-0165/PT-RM du 3 mars 2025) ;

- Ber, région de Tombouctou (Décret n° 2025-0166/PT-RM du 3 mars 2025) ;

- Gargando, région de Tombouctou (Décret n° 2025-0167/PT-RM du 3 mars 2025).

Cette dissolution justifie chaque fois la mise en place de délégations spéciales dans les circonscriptions concernées. Pourtant, c'est aux conseils et aux bureaux communaux que revient l'importante tâche de protection de l'environnement au niveau des communes. En effet, le Code des Collectivités territoriales (JORM n° 09 du 7 avril 2023) attribue aux conseils communaux la mission de régler par leurs délibérations les affaires de la commune, « (…) *notamment celles relatives au développement économique, social et culturel* » (art. 22). Il détaille les matières qui peuvent faire l'objet de ces délibérations. Parmi ces matières, il y a la santé, l'hygiène et l'assainissement, l'eau, l'énergie, la lutte contre les pollutions et les nuisances, la gestion des ressources forestières, fauniques et halieutiques, etc. Le conseil communal est « (…) *obligatoirement consulté pour la réalisation de tout projet d'aménagement ou d'équipement de l'État ou de toute autre collectivité ou d'organisme public ou privé sur le territoire de la commune* » (art. 25).

Le bureau communal est chargé de l'exécution des délibérations de la commune. Il dispose de larges pouvoirs de police générale (prévention des pollutions de toute nature, collecte et élimination des déchets ménagers, alimentation en eau potable, entretien des espaces verts, etc.). Le bureau communal, à sa tête le maire, est chargé, dans les conditions fixées par la loi, de la diffusion et de l'exécution des lois et règlements en matière d'environnement sur le territoire de la commune. Il peut ainsi, par voie d'arrêté, comme l'art. 66 du nouveau Code des Collectivités territoriales le lui permet, réprimer les atteintes à la tranquillité publique tels que les bruits et les rassemblements nocturnes qui troublent le repos des habitants. Sa carence, dans ce domaine comme dans d'autres, peut d'ailleurs engager la responsabilité de la commune. La jurisprudence étrangère est d'ailleurs diserte en la matière (v. CAA Bordeaux, 24 avril 2007, req. n° 04BX01568, *commune de Salles* ; CAA Lyon, 26 août 2005, n° 03LY00696, CAA Douai, 14 mai 2008, req. n° 07DA01776, entre autres), mais absente au Mali bien que les atteintes à l'environnement soient quotidiennes.

Deux importants programmes : le programme Gestion Décentralisée des Forêts (GEDEFOR) et le programme Alliance Globale contre le Changement Climatique au Mali (AGCC2) ont permis de réhabiliter les formations forestières au niveau décentralisé.

Le premier programme cherche à responsabiliser les Collectivités territoriales pour assurer la gestion de proximité des forêts et à appuyer les communautés rurales à travers l'offre d'alternatives à l'exploitation abusive des forêts et la diffusion de technologies de gestion durable des ressources naturelles. Il a permis l'aménagement de plusieurs massifs forestiers et le développement d'initiatives visant à combattre la désertification, la déforestation, la dégradation des forêts, des sols et la perte de la biodiversité tout en soutenant les moyens de subsistance des populations et la réduction de la pauvreté dans les communes de :

- Bamafélé, Maïna, Bafoulabé, Oualia, (dans le cercle de Bafoulabé) ;
- Bendougouba, Kita ouest, Badia, Dangadifounia, Souransatomoto, Kourounikoto (dans le cercle de Kita) ;

- Kalifabougou, Tiédougoutoroto, Tièlè, Zan Coulibaly, Méguétan, N'Gouraba, Baguineda, Mandé, Bossofala (dans le cercle de Kati) ;
- Balanbacama, Benkadi, Karan, Selefougou, Kagnogo (dans le cercle de Kangaba).

Le deuxième programme, important pour l'adaptation aux changements climatiques et pour l'atténuation de ceux-ci, a pour objectif spécifique de « (…) *renforcer les systèmes de gouvernance du secteur forestier et améliorer la couverture forestière dans les zones ciblées* ».

En plus des administrations dédiées à l'environnement, il convient de retenir qu'il existe de nombreuses autres structures de l'État qui ont des compétences très importantes dans ce domaine. Leurs premières tâches étaient orientées vers la protection de la nature. Les acteurs non étatiques jouent aussi un rôle non négligeable.

REMARQUE

Au-delà des acteurs institutionnels, les personnes privées jouent également un rôle important dans le domaine de l'environnement. Il est notamment fait allusion aux associations de protection de l'environnement dont le rôle dans la mise en œuvre de la politique de l'environnement du pays est essentiel. Elles sont nombreuses et très diverses par leur taille, leur objet, leur composition, leurs moyens d'action, etc.

Aussi, l'art. 25 de la Constitution du 22 juillet 2023 met à la charge de chaque citoyen la protection de l'environnement et la promotion de la qualité de la vie. L'application du principe de participation passe par là.

L'art. 179 du Code de procédure pénale indique que toute association ou organisation régulièrement agréée depuis au moins cinq ans qui, par ses statuts, se propose de lutter contre les atteintes faites aux animaux et à l'environnement, peut exercer les droits reconnus à la partie civile. Celle-ci n'est toutefois recevable dans sa plainte que si elle justifie avoir reçu l'accord de la victime ou si celle-ci est un mineur ou un interdit, celui du tuteur ou de son curateur.

Les associations de défense de l'environnement sont des interlocutrices privilégiées des pouvoirs publics. Elles participent activement aux différents cadres de concertation et organes de décisions aux niveaux communal, local, régional et national. Plusieurs d'entre elles (organisations paysannes, organisations socioprofessionnelles, etc.) s'impliquent remarquablement dans la protection et l'amélioration de l'environnement à travers diverses actions, conformément aux orientations nationales. Selon le rapport 2020 sur l'état de l'environnement a, « *Des résultats importants ont été obtenus en matière d'amélioration des ressources naturelles et du cadre de vie par des ONG et associations (reboisement, régénération naturelle assistée, protection des sols et des eaux et de la biodiversité, assainissement. etc.*) » (p. 94).

Dans le domaine de la chasse, la gestion des aires communautaires peut être assurée par des associations de chasse villageoises ou toutes autres structures ou organismes agréés à cet effet. Les chasseurs, les guides de chasse, les pisteurs ainsi que les concessionnaires et amodiataires d'aires protégées peuvent donc s'organiser en associations, unions ou fédérations conformément aux dispositions de la législation en vigueur. Toutefois, seules les associations qui concourent au respect des règles de la conservation et d'utilisation durable de la faune et de ses habitats, à la sensibilisation et à l'éducation de leurs membres et du public, à la lutte contre le braconnage peuvent être reconnues d'utilité publique conformément à la législation en vigueur.

Des licences d'exploitant de faune sont délivrées aux associations, organismes ou groupements de tourisme à but non lucratif agréés pour l'organisation du tourisme cynégétique (art. 50 de la Loi n° 2018-036 du 27 juin 2018 *fixant les principes de gestion de la faune et de son habitat*).

Dans le domaine de la pêche, les associations ayant pour objet, la protection de la nature, la conservation et l'utilisation durable des ressources naturelles peuvent bénéficier de contrat pour la surveillance et la protection du domaine piscicole national.

Partie II - LA PROTECTION DE LA NATURE

Le Mali possède d'immenses richesses naturelles, une diversité de faune et de flore et des écosystèmes d'une grande importance. Les premiers efforts du pays en faveur de l'environnement ont d'abord concerné la protection de ces ressources. Se basant d'abord sur la législation issue de la colonisation, ensuite sur les textes internationaux et pour faire face aux chocs de la sècheresse des années d'après l'indépendance, le Mali a adopté :

- ✓ un Code forestier (Loi n° 68-008 du 17 février 1968 *portant Code forestier*, publié au JORM n° 273 du 1er avril 1968, p. 187, abrogée par la Loi n° 86-042 du 24 mars 1986, publiée au JORM n° 783 du 1er avril 1986, p. 9, elle-même remplacée par la Loi n° 95-004 du 18 janvier 1995 *fixant les conditions de gestion des ressources forestières*, publiée au JORM, n° 4 du 28 février 1995, pp. 125-131, abrogée par la Loi n° 10-028 du 12 juillet 2010, modifiée, *déterminant les principes de gestion des ressources du domine forestier national,* publiée au JORM, n° 32 du 6 août 2010, pp. 1244-1262) ;
- ✓ un Code de la pêche (Loi n° 86-044 du 24 mars 1986 *portant Code de la pêche*, publiée au JORM n° 783 du 1er avril 1986, p. 22, abrogée par la Loi n° 95-032 du 22 mars 1995 *fixant les conditions de gestion de la pêche et de la pisciculture*, publiée au JORM n° 09 du 15 mai 1995, pp. 324-327, elle-même remplacée par la Loi n° 2014-062 du 29 décembre 2014 *déterminant les principes et les conditions de gestion de la pêche et de l'aquaculture*, publiée au JORM n° 01 du 2 janvier 2015, pp. 04-20) ;
- ✓ un Code de la chasse (Ordonnance n° 60-069/CMLN du 11 novembre 1969, publiée au JORM

spécial n° 313 du 11 novembre 1969, p. III, abrogée par la Loi n° 86- 043 du 24 mars 1986 *portant Code de chasse et de conservation de la faune et de son habitat*, publiée au JORM n° 783 du 1er avril 1986, p. 15, abrogée par la Loi n° 95-031 du 20 mars 1995 *fixant les conditions de gestion de la faune sauvage et de son habitat*, publiée au JORM n° 21 du 15 novembre 1995, p. 805, puis par la Loi n° 2018-036 du 27 juin 2018 *fixant les principes de gestion de la faune et de son habitat*, publiée au JORM n° 31 du 24 août 2018, p. 1222).

Avec la démocratisation et la décentralisation intervenues dans les années 90 et sous l'impulsion des Organisations internationales spécialisées, des normes internationales spécifiques aux questions environnementales, ces textes connaîtront une amélioration sans cesse continue.

Ils concernent tant les espèces (chapitre 1), les espaces (chapitre 2) que les paysages (chapitre 3).

CHAPITRE 1 - LA PROTECTION DES ESPÈCES

Par espèces, il faut entendre les espèces animales et végétales de tous les écosystèmes. Beaucoup de textes portent à la fois sur les espèces de faune et de flore ainsi que sur les espaces. Ils régissent en même temps les espèces et leurs milieux. C'est notamment le cas de la Loi n° 2018-036 du 27 juin 2018 *fixant les principes de gestion de la faune et de son habitat* (JORM n° 31 du 24 août 2018, p. 1222, remplaçant la Loi n° 95-031 du 20 mars 1995 *fixant les conditions de gestion de la nature sauvage et de son habitat*, publiée au JORM n° 21 du 15 novembre 1995, pp. 805-813) et de la Loi n° 10-028 du 12 juillet 2010, modifiée, *déterminant les principes de gestion des ressources du domaine forestier national* (JORM n° 32 du 6 août 2010, pp. 1244-1262). Cela se comprend parce « les conditions de vie des espèces doivent être garanties pour que leur protection ait un sens ». Utiles donc ou non à l'homme, les espèces font l'objet de réglementation soit globale soit spécifique. Toutes doivent être protégées car elles fournissent aux populations la matière de leur existence de sorte que leur disparition entrainerait celle des populations. C'est la raison pour laquelle l'implication effective de tous les acteurs, à commencer par les populations, dans la protection et la gestion durable de ces ressources, est essentielle. Il sera évoqué, ici, ces textes sans distinguer qu'ils parlent de gestion ou de protection des espèces.

La protection des espèces concerne la faune (A) et la flore (B).

A - La protection de la faune

La faune au Mali (mammifères terrestres et aquatiques, oiseaux et poissons) est caractérisée par la diversité des espèces et le nombre réduit des effectifs. Malheureusement, la crise sécuritaire que connait le pays est en train de sonner le glas des ressources fauniques, du fait de l'absence de structures de protection dans certaines zones, pour des raisons d'insécurité.

La faune terrestre compte environ 136 espèces de mammifères (UICN, 1989), dont 70 espèces de grands mammifères. Ces mammifères vivent dans les savanes soudaniennes occidentales et dans la zone sahélienne. Certaines de ces espèces sont en voie de disparition totale. « C'est le cas des espèces comme le damalisque (*Damaliscus korrigum*), l'élan de Derby (*Taurotragus derbianus*), la girafe (*Giraffa camelopardalis reticulata*), la gazelle dama (*Gazella dammah*), l'oryx *(Oryx algazella*), l'addax (*Addax nasomaculatus*), le mouflon à manchettes (*Acinonyx lervia*), l'hippopotame nain *(Choeropsis liberiensis*), le guépard (Acinonyx jubatus), le lycaon (*Lycaon pictus*), le lamantin (*Trichechus senegalensis*) le pangolin (*Manis Spp*), l'orycterope (*Orycteropus afer*), le lion, l'éléphant, le chimpanzé, etc. ». L'avifaune comptait, en 2005, au moins 640 espèces d'oiseaux dont 15 sont considérées comme rares.

Par contre, la faune aquatique très riche et variée comptait environ 143 espèces de poissons appartenant à 67 genres et 26 familles.

Ce patrimoine faunique riche et varié est malheureusement menacé de disparition à cause essentiellement des activités anthropiques (défrichement, surpâturage, braconnage, pêche illicite, feux de brousse, utilisation des produits phytosanitaires, conflits armés et l'ensablement des frayères) et par les aléas climatiques (déficit pluviométrique et la faiblesse des crues du fleuve).

En vue de protéger ces espèces de faune et d'améliorer leurs conditions de vie et de reproduction, le Mali a élaboré différents textes législatifs et réglementaires accompagnés d'une stratégie nationale de la biodiversité assortie d'un plan d'actions. Cette protection concerne tant la faune sauvage (mammifères, reptiles et oiseaux vivants en liberté dans leur milieu naturel) que les animaux domestiques (équins, bovins, ovins, caprins, porcins, lapins, chiens, pigeons et chats) et la volaille (poules, pintades, oies et canards). Ces efforts qui étaient déjà perceptibles au lendemain de l'indépendance en 1960 sont devenus plus importants depuis le Sommet de Rio de Janeiro en 1992. Ainsi, le régime de la protection de la faune est réglementé par le Code forestier (v. *supra*), le Code de la pêche (v. *supra*) et le Code de la chasse et de la conservation de la faune et de son habitat (v. *supra*).

D'autres textes importants viennent compléter ou remplacer ces Codes.

Signalons qu'avec l'évolution des matériels et engins modernes de chasse, de pêche et le développement de la pisciculture et l'aquaculture, certains textes ont subi des modifications prenant en compte les nouveaux acteurs dans le domaine et les conditions d'exercice de la profession. Ainsi, la Loi n° 95-031 du 20 mars 1995 *fixant les conditions de gestion de la faune sauvage et de son habitat* a été abrogée par la Loi n° 2018-036 du 27 juin 2018 *fixant les principes de gestion de la faune et de son habitat* (JORM n° 31 du 24 août 2018, p.1222). Celle-ci fixe les principes fondamentaux et les conditions générales de protection, de gestion et de développement de la faune et de ses habitats. Elle détermine également les mesures de conservation, de mise en valeur et d'utilisation durable des animaux sauvages, de leurs milieux de vie et de leur diversité biologique (art. 3). Cette Loi n° 2018-036 du 27 juin 2018 fixant les principes de gestion de la faune et de son habitat dispose à son article 71 que « : Un décret pris en Conseil des ministres fixe la liste des espèces intégralement protégées, des espèces partiellement protégées et des espèces gibiers non protégées sur tout ou partie du territoire national ». Aussi, la Loi n° 95- 032 du 20 mars 1995 *fixant les conditions de gestion de la pêche et de la pisciculture* a été abrogée par la Loi n° 2014-062 du 29 décembre 2014 (JORM n° 01 du 2 janvier 2015, p. 4) détermine les principes de gestion de la pêche et de l'aquaculture, notamment : la réglementation des activités de pêche et d'aquaculture, les conditions de protection, de mise en valeur, d'exploitation durable des ressources halieutiques et de leur habitat et de conservation des produits de pêche.

La Loi n° 2012-014 du 24 février 2012 relative au bien-être animal (JORM n° 9 du 2 mars 2012, p. 324.) permet d'assurer la protection des animaux contre les mauvais traitements, les usages abusifs, l'abandon et les souffrances inutiles. Elle couvre l'ensemble des pratiques relatives aux animaux d'élevage, de compagnie, d'expérience, de sport, de loisir et des animaux sauvages (art. 2). Elle complète, en ce sens, la Loi n° 02-017 du 3 juin 2002 *régissant la détention, l'exportation, la réexportation, l'importation, le transport et le transit de spécimens d'espèces de la faune et de la flore sauvages*. Elle est également conforme aux dispositions du Règlement n°4/ 2007/CM/UEMOA du 6 avril 2007 *portant création et modalités de fonctionnement du Comité consultatif sur l'harmonisation des politiques et des législations des États membres de l'UEMOA en matière de pêche et d'aquaculture*.

La Loi n° 04-005 du 14 janvier 2004 crée un fonds d'aménagement et de protection des forêts et un fonds d'aménagement et de la protection de la faune dans les domaines de l'État (JORM n° 05 du 20 février 2004, pp. 164-165).

Le fonds d'aménagement et de protection des forêts est alimenté par des redevances perçues à l'occasion de la délivrance des permis d'exploitant forestier ; des redevances perçues à l'occasion de la délivrance des autorisations de défrichement dans le domaine forestier de l'État ; des redevances perçues à l'occasion de la réalisation des grands travaux dans le domaine forestier de l'État ; des redevances perçues à l'occasion de la délivrance des autorisations des visites touristiques des forêts classées de l'État ; des redevances perçues à l'occasion de l'exploitation du bois dans le domaine forestier de l'État et des redevances perçues sur les produits forestiers non ligneux destinés au commerce (art. 2). Il est destiné à financer les travaux de prospection et de classement des forêts, des périmètres de protection et des périmètres de reboisement ; les travaux d'aménagement et d'entretien du domaine forestier classé et des massifs du domaine forestier protégé faisant l'objet d'exploitation; l'équipement et le fonctionnement des structures de protection de la forêt; la création d'infrastructures de protection de la forêt ; l'appui aux Collectivités territoriales dans des activités d'aménagement et de protection de la forêt (art. 4).

Le fonds d'aménagement et de protection de la faune est alimenté par des redevances perçues à l'occasion de la délivrance des titres d'exploitation de la faune ; des redevances d'abattage et des redevances de capture des animaux sauvages dans le domaine faunique de l'État ; des redevances d'amodiation et trophées d'animaux sauvages non protégés destinés au commerce et des redevances cynégétiques journalières payées par les guides de chasse pour l'organisation de la chasse dans les zones de chasse libre (art. 3). Il est destiné à financer les travaux de prospection, de classement ou de création d'aires protégées ; les travaux d'aménagement et de repeuplement des aires protégées ; l'équipement et le fonctionnement des structures de protection de la faune ; la création d'infrastructures de protection de la faune ; l'appui aux Collectivités territoriales dans des activités d'aménagement et de protection de la faune (art. 5).

La Loi n° 02-017 du 3 juin 2002 (JORM n° 17 du 20 juin 2002, pp. 658-668) régit la détention, le commerce, l'exportation, la réexportation, l'importation, le transport et le transit des spécimens d'espèces de faune et flore sauvages inscrites aux annexes I, II, III de la CITES et de toutes les espèces locales dont la liste est fixée par le Décret n° 07-155/P-RM du 10 mai 2007 (JORM n° 19 du 10 juillet 2007, pp. 725 à 727). Rappelons que l'annexe I de la CITES comprend toutes les espèces menacées d'extinction qui sont ou pourraient être affectées par le commerce. L'annexe II de la CITES comprend toutes les espèces qui, bien que n'étant pas nécessairement menacées actuellement d'extinction, pourraient le devenir si le commerce des spécimens de ces espèces n'était pas soumis à une réglementation stricte ayant pour but d'éviter une exploitation incompatible avec leur survie. L'annexe III de la CITES traite de toutes les espèces qu'une Partie déclare soumises, dans les limites de sa compétence, à une réglementation ayant pour but d'empêcher ou de restreindre leur exploitation, et nécessitant la coopération des autres Parties pour le contrôle du commerce.

ANNEXE II au Décret n° 07-155/P-RM du 10 mai 2007

Liste des espèces animales (JORM n° 19 du 10 juillet 2007, p. 729)

Famille et nom latin	Nom commun en français	Nom Bamanan
Mammifères		
Cricetomys	Rat de Gambie	*Toto*
Atelerix albiventris	Hérisson	*Diougouni*
Epamophorys gambianus	Roussettes	*Tonso*
Oiseaux		
Clamator jacobinus	Coucou jacobin	
Clamator glandarius	Coucou-geai	
Centropus senegalensis	Coucal du Sénégal	
Caprimulgus inornatus	Engoulevent terne	
Macrodipteryx (sic)		

La Loi n° 10-028 du 12 juillet 2010, modifiée, *déterminant les principes de gestion des ressources du domaine forestier national* (v. JORM n° 32 du 6 août 2010, pp. 1244-1262) définit les conditions de conservation, de protection, d'exploitation, de transport, de commercialisation, de mise en valeur et d'utilisation durable des ressources forestières. Elle répartit le domaine forestier national en domaine forestier de l'État, des Collectivités territoriales et des particuliers.

En application de diverses Conventions internationales ratifiées par le Mali, ont été dressées des listes d'espèces de faunes protégées avec leurs noms scientifiques et locaux (JORM n° 35 du 27 août 2010, p. 1364 ; JORM n° 35 du 27 août 2010, p. 1365 ; JORM n° 21 du 15 novembre 1995, p. 813 ; JORM n° 21 du 15 novembre 1995, p. 813 ; JORM n° 21 du 15 novembre 1995, p. 813 ; JORM n° 21 du 15 novembre 1995, p. 814). Il a été aussi adopté le Décret n° 10-387/P-RM du 26 juillet 2010 *fixant la liste des essences forestières protégées et des essences forestières de valeur économique* (JORM n° 35 du 27 août 2010, pp.1363 à 1365).

Liste des espèces animales protégées

a- Les animaux intégralement protégés

- Les mammifères

Nom français	**Nom Latin**	**Nom Bamanan**
- Chimpanzé	*Pan troglodytes*	*woronin*
- Colombes	*Colobus sp*	*soulafin*
- Panthères ou léopards	*Panthera pardus*	*waraninkalan*
- Guépard	*Acinonux jubatus*	*kolokari*
- Chat doré	*Felis aurata*	*jakumawara*
- Loutres	*Lutrinae*	*jiwulu*
- Pangolins	*Manis spp*	*kooso-kaassa*
- Orycterope	*Orycteropus afer*	*tinba*
-Addax	*Addax nasomaculatus*	*dankalakule*
- Oryx algazelle	*Oryx dammah*	*kungo-sagajigi*
- Gazelle dama (biche robert)	*Gazella dama*	*togolafin*

- Mouflon à manchettes	*Ammortragus lervia*	*sin*
- Damalisque	*Damaliscus korrigum*	*kokunani*
-Gazelle Dorcade	*Gazella dorcas*	*malikurunin*
- Cephalophe A Flanc Roux	*Cephalophus rufilatus*	*sigi*
- Hippopotame Nain	*Choerepsis liberiensis*	*minanjan*
- Buffle	*Syncerus caffer*	*tile, namu*
- Elan de Derby	*Taurotragus derbianus*	*sama*
- Girafe	*Girafa camelopardalis*	*naasiwulu*
- Eléphant	*Loxodonta africana*	*ma*
- Cynhyène Ou Lycaon	*Lyacaon pictus*	
- Lamatin	*Trichechus senegalensis*	
- Femelles d'antilopes qui ne portent pas de cornes		

JORM n° 21 du 15 novembre 1995, p. 813.

- **Les oiseaux**

Nom français	**Nom Latin**	**Nom Bamanan**
- Bec En Sabot	*Balaenicep rex*	*sa-kunuba-la-sama*
- Messager Serpentaire	*Sagittarius serpentarius*	*temu*
- Jaribu	*Ephippiorhynchus senegalensis*	*duga*
- Comatibus Chevelu	*Comatibus eremita*	*duga*
- Marabout	*Leptoptilos crumeniferus*	*duga*
- Tous les Vautours et Charognards	*Peudogyps africanus*	*nkunanj*
- Oricou	*Aegyppius monachus*	*banink n*
- Aigrettes	*Torgos tracheliotus*	*nkunanj*
- Cigognes	*Egretta ssp*	*tentan*
- Héron Garde Boeuf	*Ciconiidae spp*	*kulanjan*
- Ombrette	*Ardeola ibis*	*dib n*
- Sâtule	*Scopus umbretta*	*kami-disi-j*
- Tous les Flamants	*Platalea alba*	*nkuman*
- Pelicans	*Phoenicopterus spp*	*gingin*
- Ibis	*Pelicanus spp*	*k n-sogonti*

- Grand Calao d'abyssinie	*Ibis spp*	
- Pintade à Poitrine Blanche	*Bucorvus abyssinicus*	
- Grue Couronnée	*Agelastes meleagrides*	
- Les Oiseaux de Proie	*Balearica pavonina*	
- Hiboux et Chouettes	*Falconiformes*	
- Autruche	*Strigiformes* *Struthio camelus*	

JORM n° 21 du 15 novembre 1995, p. 813.

- Les reptiles

Nom français	**Nom Latin**	**Nom Bamanan**
- Tous les Crocodiles	*Crocodylus spp*	*bama, basa*

JORM n° 21 du 15 novembre 1995, p. 813.

b- Les animaux partiellement protégés

Nom français	Nom Latin	Nom Bamanan
Classe A		
1 Lion	*Panthera leo*	*Waraba*
2. Hipoppotame	*Hippopotamus amphibus*	*Mali*
3. Hippotrague	*Hippotragus equinus*	*Daje*
4. Cobe defassa	*Kobus defassa*	*sen-sen*
5. Bubale major	*Alcephalus Buselaphus major*	*Tankn*
Classe B		
1. Cobe de buffon	*Kobus kob*	*Son*
2. Guib harnaché	*Tragelaphus scriptus*	*Minan*
3. Cobe redunca	*Redunca redunca*	*Konkoron*
4. Gazelle à front roux	*Gazella rufifrons*	*Sinè*
5. Cephalophe de grimm	*Sysvicapra grimmia*	*Mankalan*

6. Ourebi	*Ourebia ourebi*	
7. Caracal	*Felis caracxal*	*Nkolonin*
8. Serval	*Felis serval*	*monokon*
9. Ratel	*Melivora capensis*	*Daamè*

Oiseaux

Nom français	Nom Latin	Nom Bamanan
10. Outarde arabe	*Otis arabs*	*tunkaba, kolonkono*
11. Outarde de Denham	*Neeotis denhami*	*tukan, gringo*

Reptiles

Nom français	Nom Latin	Nom Bamanan
12. Tortues d'eau douce	*Cyclanorbis senegalenis trionux triangus*	*tacou ou na*
13. Tortues terrestres	*Testudo sulcata*	*kooro kaara*

JORM n° 21 du 15 novembre 1995, p. 814.

1 - La chasse

Les forêts maliennes offrent d'importantes opportunités de chasse au gibier. On estime à 40 324 le nombre de trophées de chasse issus des formations forestières par an, de 2014 à 2017 (DNEF-2017). Elles offrent aussi d'énormes potentialités pour l'apiculture qui a produit 325, 96 tonnes de miel et 312,9 tonnes de cire en 2017 (DNPIA-2017). La production apicole a atteint 709,97 tonnes de miel en 2020, contre 563,7 tonnes en 2018, soit une augmentation de 26 % et une production moyenne de 661 tonnes de miel par an (Base de données SNGIE - AEDD). La chasse (surtout le braconnage) figure au premier rang des causes de dégradation des ressources fauniques au Mali. La réglementation de la chasse, l'amodiation, la neutralisation de quelques grands « braconniers », le contrôle rigoureux des zones de chasse et des autorisations spéciales de chasse, la protection des aires et leur aménagement sont entre autres, les principales réponses aux pressions sur les ressources fauniques.

L'art. 2 de la Loi n° 2018-036 du 27 juin 2018 *fixant les principes de gestion de la faune et de son habitat* définit la chasse comme un « acte volontaire lié à la recherche, à la poursuite ou à l'atteinte d'un animal sauvage et ayant pour but ou pour résultat sa capture ou sa mort ». Le droit de chasse est strictement réglementé (art. 86 et s.). Par la réglementation de son exercice, il s'agit de fixer les conditions générales de conservation, de protection, de mise en valeur et d'exploitation de la faune sauvage et de son habitat dans le domaine faunique national. L'exercice du droit de chasse est conditionné par la détention d'un titre de chasse. Les titres de chasse comprennent les permis de chasse, les permis de capture, les licences de guide de chasse, les cartes professionnelles de pisteur, les licences d'exploitants de faune et les autorisations spéciales de détention et de vente de spécimens d'animaux sauvages (art. 124 à 143 de la loi précitée).

La pauvreté constitue un facteur rendant difficile la préservation des ressources fauniques. Ainsi, certaines espèces animales font l'objet d'une protection particulière (v. *supra*). La biodiversité faunique est aussi mise à mal par le développement des circuits commerciaux, la modernité des moyens de chasse des braconniers et l'augmentation de la demande en protéines. Pour contrôler les activités de chasse, le ministre chargé de l'Environnement prend, chaque année, un arrêté déterminant les périodes d'ouverture et de fermeture de la saison de chasse (art. 118 de la Loi n° 2018-036 du 27 juin 2018 *fixant les principes de gestion de la faune et de son habitat*). Cet arrêté tient compte de la situation et de la diversité écologique de chaque région administrative. À titre d'exemple, l'Arrêté n° 2024-4246/MEADD-SG du 29 novembre 2024 *déterminant les périodes d'ouverture et de fermeture de la saison de chasse 2024-2025* précise en son article 1er les périodes d'ouverture et de fermeture de la saison de chasse comme suit :

- Petite chasse : du 1er décembre 2024 au 31 mai 2025 ;

- Moyenne et grande chasses : du 1er janvier au 30 avril 2025 ;

- Chasse spéciale aux oiseaux d'eau : du 1er juillet au 30 septembre 2025 ».

Des poursuites sont susceptibles d'être exercées contre les personnes qui contreviennent aux dispositions législatives et réglementaires relatives à la chasse. Des peines d'amende et/ou d'emprisonnement sanctionnent la violation de ces dispositions (art. 130 et s. du Code). Ainsi, par exemple, sera punie d'une amende 100 000 à 1 000 000 de F CFA et d'un emprisonnement de trois mois à deux ans, ou de l'une de ces deux peines seulement, toute personne qui chasse, capture ou détient un animal partiellement protégé sans le titre de chasse ou de capture requis ; chasse la nuit, en véhicule et/ou en utilisant des armes et/ ou des munitions interdites, chasse ou capture des animaux sauvages à l'aide de moyens, matériels ou engins prohibés ; abandonne une dépouille d'un animal sauvage protégé sur les lieux de chasse en dehors des cas de force majeure ; chasse en période de fermeture de la chasse ; ramasse des œufs ou détruit des nids d'animaux sauvages dans une aire protégée ou d'animaux protégés (art. 273).

Les agents forestiers assermentés du corps des ingénieurs des Eaux et Forêts, ou à défaut, les officiers de police judiciaire ou les autorités compétentes des Collectivités territoriales décentralisées pouvaient transiger[35] avant ou après jugement sur les délits en matière de chasse. Avant jugement la transaction éteignait l'action publique. Après jugement, la transaction n'avait d'effet que sur les peines pécuniaires. La confiscation et la saisie des armes, munitions ou butins de chasse peuvent être opérées par les autorités compétentes.

Guide de chasse :

Il s'agit d'une personne physique habilitée à organiser et à conduire des expéditions de chasse, à titre personnel ou pour le compte d'une organisation ou d'une structure qui l'emploie. L'exercice de la profession de guide de chasse, à titre temporaire ou permanent, est subordonné à l'acquisition préalable d'une licence de guide. C'est le

---

[35] Article 108 (nouveau) de l'Ordonnance n° 2025-017 du 1er avril 2025 *portant modification de la Loi n° 10-028 du 12 juillet 2010 déterminant les principes de gestion des ressources du domaine forestier national* (JORM n° 11 du 4 avril 2025, p. 419).

Décret n° 97-051/P-RM du 31 janvier 1997 (JORM n°6 du 31 Mars 1997, p. 236) qui fixe les conditions et les modalités d'exercice de la profession de guide de chasse.

Ainsi, l'exercice de la profession est conditionné à l'obtention d'une licence de guide de chasse. Les licences de guide de chasse comprennent la licence de guide de petite et moyenne chasse et la licence de guide de grande chasse (art. 2 du décret). La licence de guide de chasse est délivrée aux personnes ayant subi avec succès les épreuves des examens correspondants aux titres demandés. Ces personnes doivent être âgées de 25 ans au moins et de 65 ans au plus. L'Arrêté n° 07-2498/MEA-SG du 17 septembre 2007 (JORM n°15 du 10 avril 2009, p. 599) fixe l'organisation et les modalités du déroulement des examens de guide de chasse. Les droits conférés par les titres de chasse, les obligations des titulaires de titre de chasse et l'amodiation sont réglementés par le Décret n° 97-052/PM-RM du 31 janvier 1997 *déterminant les modalités et conditions d'exercice des droits conférés par les titres de chasse* (JORM n°6 du 31 mars 1997, p. 239).

Produits de chasse et de capture

La Loi n° 2018-036 du 27 juin 2018 *fixant les principes de gestion de la faune et de son habitat* autorise les titulaires de permis et autorisation de chasse et de permis de capture à disposer librement des animaux vivants, dépouilles et trophées d'animaux régulièrement abattus ou capturés, sous réserve des dispositions de la loi et de ses textes d'application. En effet, les dépouilles de gibier ne doivent pas être abandonnées sur les lieux de chasse. En cas d'abandon motivé ou de force majeure, le chasseur est tenu d'informer rapidement le service chargé de la faune ou à défaut, les habitants du village le plus proche. L'administration chargée de la faune peut restituer les produits de chasse au déposant de dépouilles et trophées d'animaux sauvages protégés trouvés morts ou lui verser une prime correspondant au tiers de la valeur mercuriale dans le cas de défenses d'éléphant.

Conseils de chasse

L'art. 228 de la Loi n° 2018-036, précitée, prévoit la création, au niveau national, régional, local et au niveau de chaque Collectivité territoriale, d'un organisme consultatif dénommé Conseil de protection de la faune et de ses habitats (ou Conseil de chasse). Les conseils de chasse donnent leurs avis ou formulent des suggestions sur toutes les questions se rapportant à la chasse et à la protection de la faune sauvage et de son habitat (Décret n° 00-021/P-RM du 19 janvier 2000 *fixant les attributions, la composition, l'organisation et les modalités de fonctionnement des conseils de chasse*, JORM n° 10 du 10 avril 2000, p. 364).

Associations de chasseurs

La gestion des aires protégées peut être assurée par des associations de chasse villageoises ou toutes autres structures ou organismes agréés à cet effet. Aux termes des dispositions de l'art. 230 de la Loi n° 2018-036 du 27 juin 2018 *fixant les principes de gestion de la faune et de son habitat*, les chasseurs, les guides de chasse et les pisteurs ainsi que les concessionnaires et amodiataires d'aires protégées peuvent s'organiser en associations, unions ou fédérations conformément aux dispositions de la législation en vigueur. Les membres désignés par ces associations de chasseurs déclarées et agréées par l'autorité compétente et ayant pour objet, la protection de la nature et de l'environnement, la conservation et l'utilisation durable des ressources naturelles, bénéficiaires de contrats pour la surveillance et la protection du domaine faunique national sont même habilités à rechercher les infractions aux dispositions de la loi et de ses textes d'application dans les limites de leur ressort territorial (art. 235).

2 - La pêche

La pêche demeure un des piliers de l'économie malienne. Selon le rapport 2020 sur l'état de l'environnement, elle contribue pour 2,4 % à la formation du PIB. La production globale de poisson ces dernières années a été de 103 139, 58 tonnes en 2018 ; 116 346, 94 tonnes en 2019 et 117 690 tonnes en 2020 (v. p. 38 du rapport). Toutefois, certaines pratiques de pêche sont préjudiciables à l'environnement (utilisation de filets à petites mailles, emploi de produits toxiques, barrage des cours d'eau, forte consommation de bois pour le fumage du poisson, etc.). Ces pratiques freinent le développement des ressources halieutiques, polluent les eaux et modifient le régime des cours d'eau (v. *infra*).

Pour répondre à ces diverses pressions et à bien d'autres, le Mali a signé et ratifié des conventions internationales dont la mise en œuvre contribue à la préservation de la biodiversité aquatique. Ainsi, conformément aux Directives n° 03/2014/CM/UEMOA du 28 juin 2014 *instituant un régime commun de suivi, de contrôle et de surveillance des pêches au sein de l'UEMOA* et n° 04/2014/CM/UEMOA du 25 septembre 2014 *portant régime commun de gestion durable des ressources halieutiques dans les États membres de l'UEMOA*, a été adoptée la Loi n° 2014-062 du 29 décembre 2014 *déterminant les principes de gestion de la pêche et de l'aquaculture* (JORM n° 01 du 2 janvier 2015, p. 4). Cette loi abroge celle du 22 mars 1995 *fixant les conditions de la pêche et de la pisciculture* qui, elle-même, avait remplacé celle du 24 mars 1986 *portant Code de la pêche*. Elle réglemente les activités de pêche et d'aquaculture, les conditions de protection, de mise en valeur, d'exploitation durable des ressources halieutiques et de leur habitat et de conservation des produits de pêche. Les modalités de son application sont fixées par le Décret n° 2018-0750/P-RM du 24 septembre 2018 (JORM n°40 du 29 octobre 2018, p.1590).

La Loi n° 2014-062 du 29 décembre 2014 *déterminant les principes et les conditions de gestion de la pêche et de l'aquaculture* définit la pêche comme l'ensemble des activités visant à la capture, la collecte ou l'extraction de ressources halieutiques vivants en état de liberté (art. 3). Le chapitre 3 de son titre II est consacré à l'exercice du droit de pêche qui appartient à l'État et aux Collectivités territoriales. Ceux-ci peuvent en concéder l'exercice dans leurs domaines respectifs, à titre gratuit ou onéreux, à des personnes physiques ou morales (art. 32). Le Décret n° 2015-0543/P-RM du 6 août 2015 (JORM n° 39 du 4 septembre 2015, p. 1524) fixe les détails des compétences transférées de l'État aux Collectivités territoriales en matière de pêche.

Pour pêcher au Mali, il faut donc être muni d'un titre de pêche ou d'une autorisation à l'exception de l'exercice des droits d'usage. Ce titre est strictement personnel et ne peut être ni prêté ni cédé à titre gratuit ou onéreux. Les titres de pêche comprennent ceux délivrés dans le cadre de l'exercice de la pêche (carte d'exploitant de pêche, permis de pêche, autorisations de pêche) et ceux délivrés dans le cadre du commerce international (certificat d'origine, certificat de conditionnement, certificats d'origine d'exportation, certificat d'exportation, certificat de réexportation) (art. 41). Toute personne qui exerce la profession d'exploitant sans être titulaire d'un titre de pêche sera punie d'une amende de 10.000 à 100.000 FCFA et d'un emprisonnement de onze jours à un mois ou l'une de ces deux peines seulement sans préjudice des dommages et intérêts (art. 120 de la loi). La transaction est prévue. Avant jugement, elle éteint l'action publique. Après jugement, elle n'a d'effet que sur la réparation civile (art. 160).

Certaines méthodes de pêche sont strictement interdites. Ainsi, il est interdit de pêcher à l'aide d'explosifs, de sources lumineuses artificielles, d'appareils électriques capables de tuer ou d'assommer les poissons, de substances radioactives, de produits chimiques, de poisons, de drogues ou de plantes toxiques.

Toutefois, des dérogations peuvent être accordées par le ministre chargé de la Pêche pour des fins de recherche scientifique (art. 52). Est de même interdite la pêche des juvéniles d'espèces n'ayant pas atteint la taille minimale de capture. C'est un arrêté conjoint du ministre chargé de la Pêche et de l'Aquaculture et du ministre chargé de la Recherche scientifique qui détermine la taille minimale de capture des principales espèces de poisson et la liste des espèces de poissons menacées.

Des conseils de pêche et d'aquaculture sont mis en place aux niveaux national, régional et communal. Ils sont saisis par les représentants de l'État ou par les présidents des organes délibérants des Collectivités territoriales de toutes les questions importantes en matière de pêche et d'aquaculture, de protection et d'aménagement des ressources piscicoles et des milieux aquatiques. Ils émettent des avis et formulent des propositions sur l'objet de leur saisine (art. 86 et s. du décret).

La pêche peut être fermée, pour une période sur tout ou partie du domaine piscicole national pour tout ou partie des espèces halieutiques menacées, par décret pris en Conseil des ministres (art. 56).

B - La protection de la flore

La flore recouvre les formations forestières (naturelles ou artificielles, terrestres ou aquatiques) et les autres formations végétales telles que les prairies et les plantes cultivées. La réglementation concernant la flore aquatique n'est pas assez fournie en raison du manque de données de certaines de ses composantes (rapport national 2020 sur l'état de l'environnement, p. 56).

Les menaces qui pèsent sur les formations forestières concernent essentiellement l'insuffisance et la rareté des pluies, surtout dans la partie désertique septentrionale du pays, l'exploitation anarchique du bois, l'expansion du front agricole, l'exploitation minière semi mécanisée, les occupations illicites des domaines classé et protégé et la réalisation des grands travaux routiers et de transport d'électricité sans une réelle compensation des dommages environnementaux et les feux de brousse. La préservation et l'amélioration de l'état des ressources forestières deviennent donc en même temps qu'une nécessité un défi. C'est pourquoi plusieurs actions visant à limiter les pressions ou à en atténuer les impacts sont initiées. Au nombre de ces actions, il convient de souligner l'adoption des Codes forestiers de 1968 (JORM n° 273 du 1er avril 1968, p. 171), de 1986 (JORM n° 783 du 1er avril 1986, p. 9) puis de leurs successeurs de 1995 (JORM n° 04 du 28 février 1995, p. 125) et de 2010 (JORM n° 32 du 6 août 2010, p. 1244). Ils déterminent les principes fondamentaux relatifs à la gestion des ressources du domaine forestier national. Ils fixent les conditions générales de conservation, de protection, de transport, de commercialisation, de mise en valeur et d'exploitation des ressources forestières du domaine forestier national. D'autres textes législatifs et réglementaires relatifs à la gestion des ressources forestières et fauniques et des aires protégées sont élaborés ou relus. Des permis d'exploitation forestière sont institués et des redevances sont perçues à l'occasion de leur délivrance (Loi n° 86-047 du 21 mars 1986 *portant fixation des taux de redevances à l'occasion de la délivrance des permis d'exploitation forestière*, publiée au JORM n° 783 du 1er avril 1986, p. 25). Il est adopté le Décret n° 2011-637/P-RM du 20 septembre 2011 qui détermine les conditions et les modalités d'exercice des droits conférés par les titres d'exploitation et de transport des produits forestiers.

Beaucoup d'autres actions concernent l'amélioration de la couverture végétale par le reboisement, la planification et la gestion des espaces forestiers, la lutte contre les feux de brousse (...) la promotion de sources d'énergies alternatives à la biomasse (rapport national 2020 sur l'état de l'environnement au Mali, p. 14).

L'art. 18 de la Loi n° 10-028 du 12 juillet 2010, modifiée, *déterminant les principes de gestion des ressources du domaine forestier national* prévoit que « Certaines essences forestières, rares ou menacées ou en raison de leur valeur économique, scientifique, écologique, esthétique ou médicinale, peuvent être classées essences intégralement, partiellement protégées ou de valeur économique sur tout ou partie du territoire national ». C'est ainsi que le Décret n° 10-387/P-RM du 26 juillet 2010 fixe la liste des essences forestières protégées et des essences forestières de valeur économique. Les gouverneurs de région et du District de Bamako et les autorités compétentes des Collectivités territoriales peuvent protéger par arrêté, soit partiellement, soit intégralement, sur tout ou partie de leur ressort territorial, des essences forestières de valeur économique, toute autre essence forestière autochtone, menacée ou présentant un intérêt particulier du point de vue écologique, botanique, culturel, économique, scientifique ou médicinal, après avis du Conseil de la Forêt et des Produits forestiers (art. 5 du décret).

Essences forestières intégralement protégées :

Noms scientifiques	Nom en bambara	Nom en français
Butyrospermum paradoxum	Si	Karité
Parkia biglobosa	Nèrè	Néré
Adansonia digitata	Zira, Sira	Baobab
Tamarindus indica	Ntomi, domi	Tamarinier
Cordyla pinnata	Dugura	Poire du cayor
Acacia senegal	Donkori, patugu	Gommier blanc
Acacia albida	Balanzan	-
Elaeis guineensis	N'ten	Palmier à huile
Comnifora africana	Barakanté	-
Spondias monbin Minkon	Minkon	-
Fagara xantalinioîdes Wô	Wô	-
Carapa procera	Kobi	-
Detarium senegalense	Tabacoumba	-

Décret n° 10-387/P-RM du 26 juillet 2010 *fixant la liste des essences forestières protégées et des essences forestières de valeur économique* (JORM n° 35 du 27 août 2010, p. 1364).

Essences forestières partiellement protégées :

Noms scientifiques	**Nom en bambara**	**Nom en français**
Afzelia africana	Lengué	-
Anogeisus leiocarpus	Ngalama	Bouleau d'afrique
Bambusa abyssinica	Bô	Bambou
Bombax costatum	Bumu	Kapokier
Borassus aethiopium	Sébé	Rônier
Ceiba pentendra	Banan	Fromager
Dalbergia melanoxylon	Kolochiyiri	Faux ébène
Erytrophleum guineense	N'Tali Tali	N'Tali Tali
Hyphaene thebaïca	Zimini	Doum, palmier doum
Khaya senegalensis	jala, diala	Caïlcédrat
Prosopis africana	Guélé	-
Pterocarpus erinaceus	Gweni, goni	Vène
Raphia sudanica	Npan, Ban	Raphia

Décret n° 10-387/P-RM du 26 juillet 2010 *fixant la liste des essences forestières protégées et des essences forestières de valeur économique*, JORM n° 35 du 27 août 2010, p. 1365.

Essences forestières de valeur économique :

Noms scientifiques	**Nom en bambara**	**Nom en français**
Daniella oliveri	Sanan	-
Isoberlinia doka	Nchô	Sau
Diospyros mespiliformis	Sounsounfing	Ebénier d'Afrique
Mitragyna inermis	Dioun	-

Décret n° 10-387/P-RM du 26 juillet 2010 *fixant la liste des essences forestières protégées et des essences forestières de valeur économique*, JORM n° 35 du 27 août 2010, p. 1365.

Les prairies constituent la principale source d'alimentation du bétail. Il s'agit des écosystèmes sur lesquels repose essentiellement l'élevage au Mali. Elles ne sont pas exemptes de menaces. Les écosystèmes artificialisés composés d'espèces végétales cultivées entrant dans l'alimentation humaine et animale « occupent une superficie totale de 6 millions d'ha en 2020 ». La loi d'orientation agricole qui fixe les orientations de la politique de développement agricole du Mali est une réponse aux pressions sur les ressources forestières (art. 158 et suivants). Elle préconise la protection de l'environnement et la gestion durable des ressources naturelles, l'augmentation de la couverture forestière et herbacée, la restauration et/ou la préservation de la biodiversité, l'utilisation de l'espace rural à des fins agricoles en harmonie avec les autres usages (art. 10). Le Décret n° 2018-099/P-RM du 31 décembre 2018 (JORM, n° 51 du 28 décembre 2028, p. 1998) soumet à une étude d'impacts environnemental et social ou à une notice d'impacts environnemental et social les projets, qu'ils soient publics ou privés, consistant en des travaux, en des aménagements, en des constructions ou d'autres activités dans les domaines industriel, énergétique, agricole, minier, artisanal, commercial ou de transport, des télécommunications et des hydrocarbures dont la réalisation est susceptible de porter atteinte à l'environnement (art. 5).

Les menaces les plus importantes pour les espèces proviennent de la mise en culture des terres, du changement climatique, de la pollution, de la surexploitation des ressources naturelles, donc de la dégradation et de la disparition des espaces.

CHAPITRE 2 - LA PROTECTION DES ESPACES

Il existe un lien étroit entre l'utilisation de l'espace et la protection de l'environnement. Le projet de loi portant Code de l'environnement au Mali indique que « *Les agglomérations urbaines doivent comporter des espaces publics à usage récréatif ou d'embellissement et des zones d'espaces verts, conformément aux schémas et plans d'aménagement urbain. Ils font l'objet d'embellissement et d'aménagement paysagers et regroupent :*

- *les espaces verts ;*
- *les plantations d'alignement ;*
- *les jardins ;*
- *les ceintures vertes ;*
- *les parterres ;*
- *les parcs urbains ;*
- *les squares ;*
- *les monuments ;*
- *les sites et les voies publiques.* ».

Cette protection des espaces publics et des zones d'espaces verts est d'intérêt général. Selon l'Ordonnance n° 2020-014 du 24 décembre 2020 *portant Loi domaniale et foncière* (JORM n° 35 du 28 décembre 2020, p. 1398), modifiée et ratifiée par la Loi n° 2021-056 du 7 octobre 2021 (JORM n° 31 du 22 octobre 2021, p. 1224), le domaine national du Mali comprend les domaines public et privé de l'État du Mali, les domaines public et privé des Collectivités territoriales, le patrimoine foncier des autres personnes physiques ou morales (art. 3).

Le domaine public immobilier de l'État comprend le domaine naturel et le domaine artificiel.

Font partie du domaine public naturel de l'État, l'espace aérien, les cours d'eau navigables ou flottables, les sources et cours d'eau non navigables ni flottables, les lacs et étangs, les nappes d'eau souterraine5^s, les gîtes des mines, du pétrole et du gaz. Tandis que le domaine public immobilier artificiel de l'État comprend les aménagements et les ouvrages réalisés pour des raisons d'intérêt général ou d'utilité publique ainsi que les terrains qui les supportent déterminés par la loi ou ayant fait l'objet d'une procédure de classement.

Ces différents espaces font l'objet de protection pour des raisons d'intérêt général. Leur dégradation est susceptible d'affecter l'environnement qui, lui-même, est d'intérêt général.

La forêt est parmi ces espaces naturels les mieux protégés au Mali à travers, notamment, le renforcement de la protection des ressources naturelles contre l'exploitation et les feux de brousse, la restauration du couvert végétal par des activités de reboisement. Le Code forestier (Loi n° 68-008 du 17 février 1968 *portant Code forestier*, publié au JORM n° 273 du 1er avril 1968, p. 187, abrogée par la Loi n° 86- 042 du 24 mars 1986, publiée au JORM n° 783 du 1er avril 1986, p. 9) étudié plus haut et ses textes d'application sont adoptés dans ce sens ; même si, malheureusement, cette protection juridique contraste avec la réalité pratique sur le terrain en raison des fortes pressions humaines de divers ordres sur la ressource. C'est le service des Eaux et Forêts, à travers sa Direction générale, ses antennes régionales et subrégionales, qui assure cette protection (Ordonnance n° 2023- 006/PT-RM du 10 février 2023 *portant création de la Direction générale des Eaux et Forêts*, publiée au JORM n° 03 du 10 février 2023, p. 84 et ses textes d'application, notamment le Décret n° 2024-0088/PT-RM du 16 février 2024 *portant création des services régionaux et subrégionaux des Eaux et Forêts*, publié au JORM n° 03 du 23 février 2024, p. 91).

Il a été souligné précédemment que généralement, la protection des espaces passe aussi par celle des espèces. C'est pour cette raison que l'on trouve peu de textes consacrés spécifiquement aux espaces sans référence à une espèce donnée.

La Convention des Nations Unies sur la lutte contre la désertification dans les pays gravement touchés par la sécheresse et/ou la désertification, en particulier en Afrique, signée à Paris (France) le 14 octobre 1994, ratifiée par le Mali en 1995 (Décret n° 1995-166/P-RM du 14 avril 1995, publié au JORM n° 10 du 31 mai 1995, p. 378) ; la Convention pour la Protection du Patrimoine Mondial, Culturel et Naturel, adoptée à Paris le 16 novembre 1972, approuvée (sic) par le Mali en 1973 (Ordonnance n° 46 du 31 août 1973, publiée au JORM spécial n° 415 du 19 septembre 1973, p. 1) ont permis d'adopter la loi fixant les conditions de gestion de la faune sauvage et de son habitat, la loi portant Charte pastorale, la loi portant loi d'orientation agricole, la loi déterminant les principes de gestion des ressources du domaine forestier national. La liste n'est pas exhaustive.

Des décrets furent aussi adoptés. Il est fait notamment allusion au décret fixant l'organisation et les modalités de gestion du fonds d'aménagement et de protection des forêts et du fonds d'aménagement et de la protection de la faune dans les domaines de l'État ; au Décret n° 04-137 (bis) /P-RM du 27 avril 2004 fixant la répartition des recettes perçues à l'occasion de l'exploitation des domaines forestier et faunique de l'État entre les fonds d'aménagement et de protection des forêts et de la faune et les budgets des Collectivités territoriales ; au décret fixant les modalités d'application de la Loi n° 01-004 du 27 février 2001 portant Charte pastorale ; au décret déterminant les modalités et les conditions d'exercice des droits conférés par les titres de chasse ; au décret fixant les taux des redevances et des taxes perçues à l'occasion de l'exploitation de la faune dans le domaine faunique de l'État. Les arrêtés sont encore plus nombreux.

Protection des zones humides

La Loi n° 2018-036 du 27 juin 2018 *fixant les principes de gestion de la faune et de son habitat* (JORM n° 31 du 24 août 2018, p. 1222) reprend la définition de la Convention de Ramsar sur les zones humides : « *Toutes étendues de marais, de fagnes, de tourbières ou d'eaux naturelles ou artificielles, permanentes ou temporaires, où l'eau est stagnante ou courante, douce, saumâtre ou salée, y compris des étendues d'eau marine dont la profondeur à marée basse n'excède pas six mètres* ». La Convention de Ramsar relative aux zones humides d'importance internationale, particulièrement comme habitats des oiseaux d'eau adoptée le 2 février 1971 à Ramsar (Iran) est le principal instrument international de protection des habitats. Elle est approuvée par le Mali en 1985 par le Décret n° 85-70/P-RM du 14 mars 1985 (publié au JORM n° 712 du 15 mars 1985, p. 4). Son champ d'action s'est toutefois élargi à « *l'ensemble des questions relatives à la protection et à la gestion rationnelle de ces zones* ». Son objectif est de « (…) *protéger les zones humides, mais uniquement en tant qu'habitats des oiseaux d'eau* ». En application de cette Convention, le Mali a élaboré plusieurs textes législatifs et réglementaires et mis en place un « (…) *comité de mise en œuvre de la Convention relative aux zones humides d'importance internationale, particulièrement comme habitats des oiseaux d'eau* », dénommé « Comité National Ramsar ». L'adoption de ces textes est nécessaire car, conformément à la Convention, le Mali devrait désigner des zones humides d'importance internationale. Ainsi quatre (4) sites sont inscrits sur la liste de ces zones humides d'une superficie totale de plus de 4 000 000 hectares. Il s'agit des sites du delta intérieur du Niger, de la plaine inondable du *Sourou*, du lac *Wegnia* et du lac *Magui.*

Le **Delta intérieur du Niger** est une vaste plaine inondable située dans les régions de Ségou, Mopti et Tombouctou. Il s'agit d'une zone très riche en ressources naturelles et présentant des écosystèmes variés (lacs, prairies, savanes inondées, etc.). Il est « la plus vaste zone humide continentale d'Afrique de l'Ouest, et par la taille la seconde pour l'Afrique après le delta de l'Okavango au Botswana » (DNCN, Fiche descriptive sur les zones humides Ramsar, 2004).

La richesse faunique du delta est une de ses caractéristiques essentielles, avec environ « 138 espèces de poissons et plus de 350 espèces d'oiseaux ». Chaque année, « plus d'un million d'oiseaux viennent de plus de 80 pays pour utiliser le delta. Plusieurs sites aquatiques du delta intérieur du Niger sont importants pour la survie de reptiles tels que le *Sebae* ou python des rochers (*Python sebae*), le varan du Nil (*Varanus niloticus*), les cobras (Naja sp.), les vipères (Bitis arientens) et aussi de nombreux amphibiens. L'hippopotame (*Hippopotamus amphibius)* et le lamantin (*Trichechus senegalensis*), deux espèces inscrites sur la liste rouge des espèces menacées de l'UICN, existent toujours, bien qu'elles soient désormais menacées dans le delta »[36].

La pression exercée sur les ressources du delta (eau, sol, végétation, poissons, oiseaux d'eau et faune aquatique) provoque une forte dégradation de son potentiel. Cela a conduit les pouvoirs publics à mettre en place un

---

[36] Source : Secrétariat de la Convention de Ramsar.

Programme de développement de la zone (PADIN) en vue d'assurer la conservation de ces ressources et de lutter contre la pauvreté. Les principaux bénéficiaires des activités du programme sont les populations de Ké-Macina, Djenné, Youwarou, Ténenkou, Diré, Goundam et Niafunké. Un comité national de suivi et d'orientation de la formulation dudit programme a été créé, auprès du ministère chargé de l'Environnement, par le Décret n° 10-032 du 28 janvier 2010 (JORM n° du 5 février 2010, p. 210). Un établissement public à caractère administratif, dénommé Office de Développement de la Pêche et de l'Aquaculture dans le Delta Intérieur du Niger (ODPA-DIN), est créé pour y promouvoir la production halieutique et aquacole (Ordonnance n° 2017-008 du 21 février 2017, ratifiée par la Loi n° 2017-044 du 14 juillet 2017). Il couvre les cercles de Mopti, Youwarou, Tenenkou, Djenné, Bankass (Région de Mopti) ; Diré, Niafunké, Goundam (Région de Tombouctou) et Macina (Région de Ségou). Son siège est fixé à Mopti (v. Décret n° 2018-0397/P-RM du 24 avril 2018 fixant l'organisation et les modalités de son fonctionnement, publié au JORM n° 17 du 27 avril 2018, p. 705).

La **Plaine du Sourou** (dans la région de Mopti) est un marais d'eau douce formé par des cours d'eau saisonniers et de petits lacs permanents. On y trouve plusieurs espèces d'oiseaux et de poissons. Le site abrite aussi l'hippopotame (*Hippopotamus amphibius*) et l'éléphant d'Afrique (*Loxodonta africana*). Ils sont tous deux inscrits sur la liste rouge de l'UICN. Un arrêté interministériel du 28 septembre 2016 a mis en place un organe consultatif pour la gestion des ressources en eau du bassin de cette plaine, dénommé « Comité de Bassin du Sourou » (JORM n° 11 du 17 mars 2023, p. 423).

Le **Lac Wegnia** (dans la région de Koulikoro) est une aire protégée constituée de lacs et de marais d'eau douce permanents. Il s'agit d'une zone riche en biodiversité. On y trouve l'arbre à beurre de karité (*Vitellaria paradoxa*) inscrit sur la liste rouge de l'UICN, de poissons et le crocodile du Nil (*Crocodylus niloticus*) inscrit à l'annexe 1 de la CITES. Il abrite plusieurs oiseaux d'eau tels que l'oie, la cigogne *d'Abdim Ciconia abdimii* et le héron cendré (*Ardea cinerea*).

Situé dans la région de Kayes, le **Lac Magui** est un lac d'eau douce permanent, recevant les eaux de ruissellement de plusieurs ruisseaux. Il est bordé de plantes herbacées et ligneuses au fond et très riche en biodiversité comprenant des petits mammifères, des reptiles, des poissons et des oiseaux d'eau. C'est une aire de repos pour plusieurs oiseaux migrateurs. Un comité de mise en œuvre de la Convention relative aux zones humides d'importance internationale, particulièrement comme habitats des oiseaux d'eau, dénommé « Comité National Ramsar » est créé auprès du ministère chargé de l'Environnement (Arrêté interministériel n° 06-3173/MEA MEP-MAT-MEN-MATCL-MA-MMEE-MSIPC-SG du 29 décembre 2006, publié au JORM n° 37 du 12 septembre 2008, p. 1475).

Réserves et parcs nationaux

La Loi n° 2018-036 du 27 juin 2018 *fixant les principes de gestion de la faune et de son habitat* définit les parcs nationaux comme des aires protégées gérées principalement dans le but de protéger les écosystèmes et à des fins récréatives (art. 2)[37].

---

[37] La loi qu'elle abroge (Loi n° 95-031 du 20 mars 1995 *fixant les conditions de gestion de la faune sauvage et de son habitat*) définit les parcs nationaux comme « *des aires mises à part pour la protection, la*

Il peut être créé des aires protégées, c'est-à-dire des espaces terrestres ou aquatiques de conservation, géographiquement délimités, ayant fait l'objet d'un texte juridique de classement et bénéficiant de mesures spéciales de protection et de gestion de la faune et/ou de préservation de la diversité biologique.

C'est le Décret n° 99-321/P-RM du 4 octobre 1999 qui fixe les modalités de classement, de déclassement des réserves de faune, des sanctuaires et les modalités de création des zones d'intérêt cynégétique et des ranches de gibier dans le domaine faunique de l'État (JORM n° 32 du 20 décembre 1999, p. 1250). Beaucoup de textes classant ou déclassant des parcs et réserves selon leur utilité ont été pris dans ce sens.

Il est possible de citer, parmi les plus récents, la Loi n° 2021-064 du 14 décembre 2021 portant création de la réserve de biosphère du Gourma (JORM n° 39 du 17 décembre 2021, p. 1559). Dans cette réserve, classée depuis 1959 par la Loi n° 59/AL/RS du 30 décembre 1959, il est interdit :

«- d'exercer toute activité de chasse ou de pêche, toute exploitation forestière ou agricole, toute activité d'exploitation minière, tout pacage d'animaux domestiques, toutes fouilles ou prospections, sondages, terrassements ou constructions, tous travaux tendant à modifier l'aspect du terrain, de la végétation, toute pollution des eaux et de manière générale, tout acte de nature à nuire ou à apporter des perturbations à la faune ou à la flore et

---

conservation et la propagation de la vie animale sauvage et de la végétation et pour la protection de sites, de paysages ou de formations géologiques d'une valeur scientifique ou esthétique particulière » (art. 15).

toute introduction d'espèces animales ou végétales exotiques ;

- de résider, de pénétrer, de circuler, de camper ou de survoler à une altitude inférieure à 300 mètres sauf autorisation spéciale du service en charge de la faune ;

- de capturer des animaux ou de collecter les végétaux, sauf pour des raisons scientifiques ou pour les besoins de l'aménagement ; dans ces cas, les mesures nécessaires seront prises par les autorités de la réserve ou sous leur contrôle » (art. 10).

Il peut être cité le Décret n° 2012-289/P-RM du 13 juin 2012 *portant classement de la réserve de faune de Djangoumerila*, dans le cercle de Yanfolila, région de Sikasso (JORM n° 24 du 15 juin 2012, p. 936) ou le Décret n° 10-091/P-RM du 15 février 2010 *portant classement de la réserve de faune du Mande-Wula*, dans le cercle de Kita (JORM n° 09 du 26 février 2010, p. 330).

C'est dans ce même sens que le Décret n° 2018-0868/P-RM du 8 novembre 2018 (JORM n° 45 du 30 novembre 2018, p.1788) autorise et déclare d'utilité publique la mise en œuvre du plan d'aménagement et de gestion des aires protégées du *Mande-Wula* et *Nema-Wula*, approuvé par l'Arrêté n° 2015-3671 du 9 octobre 2015, dans les Communes rurale de Gadougou I, de Gadougou II et de Koulou-Baléa, dans le cercle de Kita, dans la région de Kayes.

La Loi n° 97-030 du 24 décembre 1997 (JORM n° 6 du 31 mars 1998, p. 206) a créé le Parc biologique de Bamako. Sa mission est de gérer un complexe constitué d'une aire appelée Parc zoologique où sont gardés en captivité des animaux sauvages et d'un espace appelé Parc botanique contenant une collection d'espèces végétales (art.

2). Cette loi modifie l'Ordonnance n° 91- 061/P-CTSP du 16 septembre 1991 qui crée l'opération d'aménagement du parc national de la boucle du baoulé et de ses réserves adjacentes (JORM n° 19 du 15 octobre 1991, p. 678). Le Décret n° 01-292/P-RM du 6 juillet 2001 fixe l'organisation et les modalités de son fonctionnement (JORM n° 21 du 31 juillet 2001, p. 807).

CHAPITRE 3 - LA PROTECTION DES PAYSAGES

Le paysage est un « site considéré sous ses aspects visuels ». Il est « *une valeur naturelle et culturelle devenue un élément du patrimoine écologique collectif* »[38]. Il est défini par le projet de Code de l'environnement du Mali comme « *une partie de territoire, en zone urbaine ou rurale, telle que perçue par les populations, dont les caractéristiques résultent de l'action de facteurs naturels ou humains et de leurs interrelations dynamiques* ». Cette définition est identique à celle de la Convention européenne du paysage du Conseil de l'Europe pour qui le paysage est perçu comme « *une partie du territoire telle que perçue par les populations dont le caractère résulte de l'action des facteurs naturels et/ou humains et de leurs interrelations* ». Le paysage concerne donc aussi bien l'environnement rural que l'environnement urbain, aussi bien des éléments culturels que naturels. C'est un concept « fédérateur ».

La Convention de l'UNESCO sur la protection du patrimoine mondial, culturel et naturel, approuvée par le Mali le 31 août 1973 (JORM spécial n° 415 du 19 septembre 1973, p. 1) vise expressément le paysage comme un élément du patrimoine culturel (art. 1er). L'art. 2 de la Loi n° 2022-034 du 28 juillet 2022 *fixant le régime de la protection et de la promotion du patrimoine culturel national* (JORM n° 22 du 29 juillet 2022, p. 871) abrogeant les Lois n° 85-40 du 26 juillet 1985 (JORM n° 718 du 15 juin 1985, p. 4) et n° 10-061 du 30 décembre 2010 (J/ORM n° 01 du 7 janvier 2011, p. 6) relatives à la protection et à la promotion du patrimoine culturel national définit le patrimoine culturel comme « *l'ensemble des biens culturels matériels et immatériels qui, à titre religieux ou profane, revêtent pour l'État, les collectivités territoriales, les*

---

[38] Michel PRIEUR, Droit de l'environnement, *op. cit.*, p. 669.

communautés, groupes et individus, une importance pour l'histoire, l'art, la pensée, la science et la technique. ».

Il a été ainsi institué dès 1960, auprès du Président du Conseil du Gouvernement[39], une commission unique des monuments historiques et des sites naturels, des objets scientifiques, historiques et ethnographiques (JORS n° 59 du 15 juillet 1960, p. 593). La protection de ces biens culturels se fait par le biais du classement. Le classement d'un bien (…) dans le patrimoine culturel national est « *l'acte par lequel l'État reconnaît la valeur exceptionnelle de ce bien culturel* » (art. 14 de la Loi n° 2022-034 précitée). Il ne s'agit donc pas d'une opération d'aménagement[40] (CE, 25 octobre 2002, *Département Yvelines*, n° 225157). L'initiative du classement appartient principalement à l'État. Toutefois, les Collectivités territoriales, les communautés et les individus peuvent proposer le classement des biens dans le patrimoine culturel national.

Le classement est consacré par décret pris en Conseil des ministres, sur le rapport du ministre chargé de la Culture, après avis de la Commission nationale de Sauvegarde du patrimoine culturel national. La protection vise à prévenir et à lutter contre toutes les formes d'atteinte aux biens culturels, qu'elle soit d'origine naturelle ou anthropique.

Ainsi, concernant par exemple les biens d'origine anthropique, il a été adopté le 14 décembre 2011 le Décret n° 2011-813/P-RM portant classement de parcs publics et

---

[39] Avant même l'indépendance. Au temps donc de la République soudanaise.

[40] Un bien classé est sous protection nationale. Le classement d'un bien dans le patrimoine culturel national impose des restrictions au droit de propriété et à ses démembrements.

monuments de Bamako dans le patrimoine culturel national (JORM n° 01 du 6 janvier 2011, p. 16). Ce décret a été vite abrogé et remplacé par celui du 24 février 2012 (JORM n° 10 du 9 mars 2012, p. 385). Les parcs publics et les monuments de Bamako classés par ce dernier dans le patrimoine culturel national sont :

« 1. Carré des Martyrs

2. Ensemble « Place Al Qoods » et « Place de l'Enfant martyr de la Palestine »

3. Hippopotame

4. Jardin du Cinquantenaire

5. Mali Nouveau ou Place des 703 Communes

6. Mémorial Modibo KEÏTA

7. Monument Abdoul Karim CAMARA dit Cabral

8. Monument aux Héros de l'Armée Noire ou Place de la Liberté

9. Monument aux Martyrs

10. Monument de l'Hospitalité

11. Monument de l'Indépendance

12. Monument de la Paix

13. Obélisque du N'KO

14. Parc des Explorateurs

15. Parc de Woyowayanko

16. Place « Cités et Villes martyres du Mali »

17. Place « Confédération Africaine de Football » et « Coupe d'Afrique des Nations »

18. Place de Bamako

19. Place de l'Or

20. Place OMVS

21. Place des Nations Unies
22. Place Kwamé N'Krumah
23. Place Mamadou KONATE ou Place de l'éléphant
24. Place Ouezzin COULIBALY
25. Place Patrice Lumumba
26. Place Sannè ni Kontoron
27. Place Sogolon, Hommage à la femme
28. Porte de Koulouba
29. Pyramide du Souvenir
30. Thiaroye
31. Tour de l'Afrique (sic) »[41].

Dans le même sens, plusieurs autres sites sont classés dans le patrimoine culturel national du pays et font ainsi l'objet de protection. Il est possible de citer le :

- Décret n° 2024-0238/PT-RM du 12 avril 2024 portant classement des anciens bâtiments de l'Institut National des Arts (INA) dans le patrimoine culturel national, (JORM n° 08 du 12 avril 2024, p. 300) ;

- Décret n° 2019-0033/P-RM du 28 janvier 2019 *portant classement du site du palais de Koulouba dans le patrimoine culturel national*, (JORM n° 02 du 31 janvier 2019, p. 43) ;

[41] Le parc des explorateurs a été déclassifié par le Décret n° 2025-0116/PT-RM du 21 février 2025 (JORM n° 07 du 7 mars 2025, p. 265) et renommé « Place de Mali *Cɛbaw* (Grands Hommes du Mali) » (v. Décret n° 2025-0117/PT-RM du 21 février 2025 *portant dénomination de places publiques dans le District de Bamako*, publié au JORM n° 07 du 7 mars 2025, p. 266).

- Décret n° 2017-0953/P-RM du 4 décembre 2017 *portant classement du « Kamablon », case sacrée de Keniero (commune rurale de Siby) dans le patrimoine culturel national* (JORM n° 51 du 22 décembre 2017, p. 2004) ;

- Décret n° 2016-0266/P-RM du 29 avril 2016 *portant classement du site de Gao Saneye dans le patrimoine culturel national*, (JORM n° 20 du 13 mai 2019, p. 797) ;

- Décret n° 2014-0947/P-RM du 31 décembre 2014 *portant classement de l'église de Mandiakuy dans le patrimoine culturel national* (JORM n° 05 du 30 janvier 2015, p. 183).

- Décret n° 2014-0949/P-RM du 31 décembre 2014 *portant classement du site de la mosquée de KANKOU MOUSSA à Gao dans le patrimoine culturel national* (JORM n° 6 du 6 février 2015, p. 203). Ce site s'entend comme « l'ensemble des vestiges archéologiques couvrant une superficie de 3ha 51a, situé au quartier Aldjanabandja de la ville de Gao » (art. 2) ;

- Décret n° 2012-625/P-RM du 1er novembre 2012 *portant classement de la cathédrale de Bamako dans le patrimoine culturel national*, (JORM n° 46 du 16 novembre 2012, p. 1815) ;

- Décret n° 2011-837/P-RM du 22 décembre 2011 *portant classement de la mosquée de Manfara et les sites associés dans le patrimoine culturel national* (JORM n° 02 du 13 janvier 2012, p. 49). Les sites associés comprennent : les tombes de Lanfia SANOGO (bâtisseur de la mosquée), de Mansa KONG KOMA KEÏTA (de Naréna), de Moussa FOFANA, de Lanfia FOFANA (homonyme du bâtisseur de la mosquée), de Oumar FOFANA (art. 2).

- Décret n° 08-670/P-RM du 30 octobre 2008 *portant classement de la grande mosquée du vendredi de Niono dans le patrimoine culturel national* (JORM n° 45 du 5 décembre 2008, p. 1934).

- Décret n° 05-480/P-RM du 4 novembre 2005 *portant classement de la mosquée de Komoguel dans le patrimoine culturel national* (JORM n° 35 du 20 décembre 2005, p. 1365).

- Décret n° 03-440/P-RM du 14 octobre 2003 *portant classement du tombeau des Askia dans le patrimoine culturel national* (JORM n° 30 du 31 octobre 2003, p. 2964).

- Décret n° 92-245/P-RM du 18 décembre 1992, modifié, *portant classement des villes anciennes de Tombouctou et Djenné* (JORM n° 24 du 31 décembre 1992, p. 890).

- Etc.

Ces différents parcs publics et monuments sont définis par leurs coordonnées géographiques.

Quant au déclassement, il consiste à anéantir les effets du classement à l'égard d'un bien culturel. Il intervient pour cause d'utilité publique ou pour des motifs d'intérêt national et est prononcé par décret pris en Conseil des ministres. Il peut être pris l'exemple du Décret n° 2025-0116/PT-RM du 21 février 2025 portant déclassement du parc des explorateurs à Koulouba (JORM n° 07 du 7 mars 2025, p. 265) ou celui du Décret n° 2016-0754/P-RM du 29 septembre 2016 portant déclassement partiel et fixant les nouvelles limites de la forêt classée de Bagouko, dans la commune rurale de Diamou, cercle de Kayes, région de Kayes (JORM n° 46 du 11 novembre 2016, p. 1805).

À la suite du déclassement du parc des explorateurs, les statues et bustes des figures de la colonisation s'y trouvant (la statue géante du Général Baudry et les bustes d'administrateurs, d'Officiers coloniaux et d'Explorateurs, à savoir Eugène Abdon Mage, Ibn Battuta, Jean Joseph Marie Michel Paul Soleillet, Laing Alexandre Gordon, Mgr Augustin Hacquart et René Caillé) sont remplacés par les bustes « de Mali *Cɛbaw* (Grands Hommes du Mali) » suivants :

« 1. Mama DINGA, ancêtre des Soninkés, Fondateur de Wagadu (Ghana) ;

2. Soundiata KEITA, Empereur du Mali (1235-1255) ;

3. Sonni ALI BER, Empereur du Songhoy (1464-1492) ;

4. Sékou Hammadou Lobbo BARRY, Fondateur du Royaume du Macina ;

5. El Hadj Cheick Oumar TALL, Résistant à la pénétration coloniale (1850-1864) ;

6. Samory TOURE, Résistant à la pénétration coloniale ;

7. Babemba TRAORÉ, Résistant à la pénétration coloniale (1893-1898) ;

8. Niamodi SISSOKO, Résistant à la pénétration coloniale ;

9. Fihroun AG ALINSAR, Résistant à la conquête coloniale ;

10. Diossé TRAORE dit Koumi Diossé, Résistant à la conquête coloniale ;

11. Banzani THERA de Touroula, Résistant à la conquête coloniale »[42].

Les biens culturels immeubles sont des biens qui, soit par nature soit par destination, ne peuvent être déplacés sans dommage pour eux-mêmes et pour leur environnement. Parmi ceux-ci, il convient de retenir les monuments naturels, formations ou groupes de formations physiques et biologiques ayant une valeur esthétique ou scientifique ; les formations géologiques, les aires ou zones constituant l'habitat d'espèces animales et végétales d'importance nationale, etc. Les jardins, parcs de loisirs, les allées d'arbres et alignements d'arbres qui bordent les routes participent au paysage urbain et constituent un patrimoine culturel et une source d'esthétique du milieu naturel.

Concernant les paysages naturels, ils sont des espaces ou des formations naturelles dont la qualité appelle, au nom de l'intérêt général, la conservation en l'état et la préservation contre toute atteinte grave. Leur conservation appelle à leur entretien, leur restauration et leur mise en valeur tandis que la préservation vise à empêcher leur destruction ou leur altération.

En plus des textes déjà cités sur les aires protégées, il peut être ajouté qu'en réponse à la pression des activités minières sur l'environnement qui se traduit par l'altération des milieux naturels, la destruction de la végétation, le lessivage et la dégradation des sols, la pollution des cours d'eau et des nappes aquifères par les produits chimiques, le Code minier (Loi n° 2023-040 du 29 août 2023, publiée au JORM n° 22 du 1er septembre 2023, p. 862) exige la réalisation d'une étude d'impact sur l'environnement et la

---

[42] Décret n° 2025-0117/PT-RM du 21 février 2025 *portant dénomination de places publiques dans le District de Bamako,* publié au JORM n° 07 du 7 mars 2025, p. 266.

mise en œuvre du plan de gestion environnementale (art. 152).

L'art. 31 de la loi sur les pollutions et les nuisances précise que la protection des espaces verts, qui sont les poumons d'aération des centres urbains, contre toutes les causes de dégradation, est d'intérêt général. Leur désaffectation est soumise à une autorisation préalable du ministre chargé de l'Environnement, après avis conforme des ministres chargés de l'Urbanisme, de la Santé et des Collectivités territoriales. Leur occupation illicite est sanctionnée par la loi.

Un projet de restauration des paysages a été initié par le Gouvernement dans le but de pérenniser les acquis des projets de gestion des ressources naturelles dans un contexte de changements climatiques et de réhabilitation économique et environnementale du fleuve Niger.

Partie III - LES POLLUTIONS

La loi du 24 mai 2021, modifiée, relative aux pollutions et aux nuisances, comme celle qu'elle a remplacé (Loi n° 01-020 du 30 mai 2001), définit la pollution comme « (…) *toute modification ou contamination directe ou indirecte de l'environnement provoquée par un acte susceptible d'influer négativement sur le milieu, de provoquer une situation préjudiciable pour la santé, la sécurité, le bien-être de l'homme, de la faune, de la flore ou des biens collectifs et individuels* » (art. 2).

Ces lois et leurs textes d'application (qui sont nombreux) sont conformes aux Déclarations de Stockholm sur l'Environnement et de Rio sur l'Environnement et le Développement qui invitent les États à « (…) *prendre toutes mesures possibles pour empêcher la pollution* (…) *par des substances qui risquent de mettre en danger la santé de l'homme, de nuire aux ressources biologiques* (…) » (Principe 7 de la Déclaration de Stockholm sur l'environnement) ; à « (…) *élaborer une législation nationale concernant la responsabilité de la pollution et d'autres dommages à l'environnement » (Principe 13 de la Déclaration de Rio sur l'environnement et le développement). En fixant « les principes fondamentaux du contrôle des pollutions et nuisances* », ils visent, notamment, à réduire l'insalubrité des milieux où vivent les populations à travers la réalisation d'infrastructures et d'équipements et le changement de comportements des populations.

Il n'est pas inutile de rappeler que la loi du 24 mai 2021, modifiée, a été adoptée dans le but de corriger les insuffisances identifiées pendant l'application de la loi du 30 mai 2001 et d'améliorer l'efficacité de la lutte contre les pollutions et les nuisances. Ces insuffisances ont relatives à :

- l'imprécision de certains aspects importants comme le déversement des déchets liquides domestiques, des déchets biomédicaux, la gestion des déchets spéciaux, des pollutions atmosphériques, des nuisances sonores, olfactives et des produits chimiques dangereux;

- la non prise en compte de certains aspects de l'évaluation environnementale et l'insuffisance des mesures de protection des espaces verts contre la dégradation (v. communiqué du Conseil des ministres du 23 décembre 2020).

Le dispositif juridique mis en place, au Mali, concerne tant la lutte sectorielle (chapitre 1) que celle intégrée (chapitre 2) contre les pollutions et les nuisances. Une autre pièce du dispositif vise à prévenir les risques majeurs (chapitre 3).

CHAPITRE 1 - LA LUTTE SECTORIELLE : EAU, AIR, BRUIT, DÉCHETS

La lutte sectorielle contre les pollutions concerne la réglementation relative à l'eau et à l'assainissement (chapitre 1), à l'air (chapitre 2), au bruit (chapitre 3), aux déchets (chapitre 4).

A - L'eau et l'assainissement

Le droit applicable à l'eau au Mali s'est d'abord préoccupé de la qualité de la ressource. Même si plusieurs personnes boivent encore aujourd'hui de l'eau non potable, des efforts immenses ont été accomplis par les pouvoirs publics en vue d'inverser la tendance.

D'importants efforts continuent d'être consentis, notamment sur les plans juridique et politique (adoption du plan national d'accès à l'eau potable 2004-2015 ; plan stratégique national pour l'amélioration des conditions d'accès à l'eau potable, l'hygiène et l'assainissement dans les établissements de santé 2017-2021 ; adoption du Programme UNICEF « Accélération de l'accès à l'eau et à l'assainissement pour tous »), pour préserver la qualité de la ressource en évitant sa pollution (1). Ces efforts s'étendent au dispositif législatif et réglementaire relatif à l'assainissement (2).

1 - L'eau

L'eau est un bien relevant du domaine public. Son usage appartient à tous, pourvu qu'il ne soit pas contraire à l'intérêt public. Cet usage s'exerce dans le cadre de la solidarité entre usagers. Le Mali dispose d'un potentiel important en ressources en eau. Ce potentiel est constitué par les ressources en eau de surface et les ressources en eau souterraines.

Les ressources en eau de surface sont formées par les cours d'eau que sont le Sénégal (900 km) et le Niger (1750 km), leurs affluents, les rivières, les marigots et plusieurs lacs (*Faguibine*, *Télé*, *Gouber*, *Kamango*, *Daoukiré*, *Daouna*, *Fati*, *Horo*, *Kabara* et *Débo*). Près de 80% de la population, vivant essentiellement de l'agriculture, de l'élevage et de la pêche, se trouve au long de ces fleuves (v. document de politique nationale de protection de l'environnement adopté en 1998, actualisé en 2019, notamment le Décret n° 2019-0954/P-RM du 5 décembre 2019 *portant approbation de la politique nationale de la protection de l'environnement*, publié au JORM n° 43 du 13 décembre 2019, p. 1709). Les utilisations de la ressource sont multiples : usage domestique, pour la navigation, l'agriculture, la pêche, usage industriel, etc.

La pollution des eaux comporte « plusieurs risques à savoir, entre autres, la variation de la valeur des paramètres physico-chimiques, la présence de métaux lourds et l'augmentation des paramètres bactériologiques (coliformes totaux et fécaux), etc. Toutes choses qui contribuent à augmenter les coûts et les difficultés de mobilisation de l'eau de surface pour la consommation. La pollution des eaux de surface est aussi un facteur de prolifération de plantes aquatiques invasives défavorables à la vie aquatique. Ces plantes prolifèrent à la faveur de l'eutrophisation des plans d'eau qui accueillent les eaux usées ménagères, artisanales ou industrielles, les eaux de drainage, les déjections, etc. » (Rapport national 2020 sur l'état de l'environnement). Plusieurs maladies comme le paludisme sont imputables à la pollution des eaux, de quelle que nature que ce soit.

Les cours d'eau font aussi l'objet d'agression par les activités d'exploration et d'exploitation aurifères par drague. Le Conseil des ministres du 27 octobre 2021 a regretté le fait que malgré l'interdiction de l'exploitation de substances minérales dans les lits des cours d'eau par drague, il est constaté la poursuite de l'exercice illégal de l'exploitation de l'or par drague sur les fleuves Niger et Sénégal et sur certains de leurs affluents ; l'occupation des galeries forestières classées ; la délivrance illégale par certaines organisations professionnelles de cartes d'exploitants de dragues ; la pollution par des produits tels que le mercure et le cyanure des cours d'eau partagés, en violation des accords internationaux signés et ratifiés par le Mali, etc. Face à ces menaces, il est nécessaire de poursuivre les campagnes d'information et de sensibilisation des acteurs concernés et d'intensifier les missions de surveillance des cours d'eau après les opérations de déguerpissement.

La nécessité de gérer correctement cette ressource a conduit les pouvoirs publics à mettre en place un dispositif législatif et réglementaire important. Ainsi, dès 1990 est adoptée la Loi n° 90-17 du 27 février 1990 *fixant le régime des Eaux* (JORM n° 5 du 15 mars 1990, p. 167). Son but est d'assurer la protection, l'utilisation, le développement et la conservation des ressources en eau dans l'intérêt économique et social du pays. Elle est complétée par le Décret n° 90-088 du 3 avril 1990 *portant réglementation du régime des Eaux* qui abroge le décret du 5 mars 1921 réglementant le régime des Eaux en AOF. Mais, la Loi n° 90-17 est abrogée par la Loi n° 02-006 du 31 janvier 2002 *portant Code de l'eau* (JORM, n° 4 du 10 février 2002, pp. 124-132) qui s'applique à toutes les eaux dépendant du domaine hydraulique de l'État et des Collectivités territoriales. Le titre II de cette loi, qui est relatif à la gestion et à la protection du domaine hydraulique, consacre quelques dispositions à la pollution des eaux. En effet, la pollution de l'eau a des effets sur les humains, la faune et la flore. Elle est source de maladies. Le contrôle de sa qualité est donc indispensable aux fins de protéger l'environnement et sauvegarder la santé des êtres vivants. Ainsi, l'art. 14 établit un délit général de pollution des eaux. Constitue donc un délit, tout déversement ou écoulement, rejet, dépôt direct ou indirect dans les eaux des matières de toute nature susceptible de porter atteinte à la santé publique ainsi qu'à la faune et à la flore aquatiques. La peine encourue est une amende de 10 000 à 100 000 FCFA et/ ou un emprisonnement d'un à 3 mois ou de l'une de ces deux peines seulement (art. 73). L'art. 16 du même texte invite toute personne physique ou morale, publique ou privée exerçant une activité, source de pollution ou pouvant présenter des dangers pour la ressource en eau et l'hygiène du milieu à envisager toute mesure propre à enrayer ou prévenir le danger constaté ou présumé. Le pollueur supporte les coûts de ses activités polluantes. Un arrêté conjoint des ministres chargés de l'Eau, de l'Environnement et de la Santé détermine les mesures de prévention de la pollution et les conditions dans lesquelles sont effectués les contrôles des caractéristiques physiques, chimiques, biologiques et radiologiques des eaux. D'autres textes ratifiés par la République du Mali concernent :

- l'Accord relatif à la navigation et à la coopération économique entre les États du Bassin du Niger, signé à Niamey le 26 octobre 1963 ;

- l'Accord relatif à la Commission du fleuve Niger, à la navigation et aux transports sur le fleuve Niger du 25 novembre 1964, révisé le 2 février 1968, le 15 juin 1973 et le 26 janvier 1979, entré en vigueur dès le 12 avril 1966 ;

- la Convention sur la réglementation de la navigation sur le fleuve Niger de septembre 1973, révisée en mai 1977 ; la Convention portant création de l'autorité du Bassin du Niger, signée à Faranah (Guinée) le 21 novembre 1980 ;

- la Charte de l'eau du Bassin du Niger, signée à Niamey (Niger) le 30 avril 2008, ratifiée par le Mali suivant le Décret n° 2009-405/P-RM du 31 juillet 2009 (Publié au JORM n° 35 du 28 août 2009, p. 1369).

En application de la loi de 2001 relative aux pollutions et aux nuisances, a été adopté le Décret n° 01-395 du 6 septembre 2001 *fixant les modalités de gestion des eaux usées et des gadoues* (JORM n° 27 du 30 septembre 2001, p. 1050). Ce décret réglemente la prévention et la réduction de la nocivité des eaux usées et des gadoues, l'utilisation des eaux traitées pour divers besoins ainsi que la protection des sources d'eau de surface et des eaux souterraines contre les pollutions dues aux eaux usées et aux gadoues. Rappelons que la loi de mai 2001 relative aux pollutions et aux nuisances a été remplacée en mai 2021.

Les eaux souterraines sont composées de nappes situées à des profondeurs variables en fonction des conditions géographiques, géologiques et hydrologiques. Le rapport national 2020 sur l'état de l'environnement indique qu'elles sont réparties entre neuf (9) principaux systèmes aquifères correspondant aux différents étages stratigraphiques (v. pp. 15 et 75 du rapport). Le bilan diagnostic de la problématique de l'environnement et de l'état des ressources en eau au Mali a mis en évidence la nécessité d'améliorer le cadre de vie des populations rurales et urbaines en luttant contre les diverses pollutions, en particulier celles qui affectent les ressources en eau.

2 - L'assainissement

L'assainissement concerne « Toute action visant à l'amélioration de toutes les conditions qui, dans le milieu physique de la vie humaine, influent ou sont susceptibles d'influer défavorablement sur le bien-être physique, mental ou social » (art. 2 de la loi sur les pollutions et les nuisances). Deux textes importants doivent être évoqués ici :

- l'Ordonnance n° 98-027 du 25 août 1998 portant création de la Direction nationale de l'Assainissement et du Contrôle des pollutions et des nuisances (JORM n° 21 du 15 novembre 1998, p. 898, ratifiée par la Loi n° 98-058 du 17 décembre 1998, publiée au JORM n° 04 du 28 février 1999, p. 125) ;

- l'Ordonnance n° 2012-013/P-RM du 19 mars 2012 portant création de l'inspection de l'environnement et de l'assainissement (JORM n° 12 du 23 mars 2012, p. 445, ratifiée par la Loi n° 2012-062/P-RM du 17 décembre 2012, publiée au JORM n° 51 du 21 décembre 2012, p. 2006).

Si la commune est le maître d'ouvrage de l'assainissement au niveau local, c'est la direction nationale de l'Assainissement et du Contrôle des pollutions et des nuisances qui élabore les éléments de la politique nationale en matière d'assainissement et en assure l'exécution (art. 2 de l'ordonnance).

Cette politique nationale d'assainissement fixe quatre objectifs à savoir :

- réduire durablement l'insalubrité du milieu de vie des populations par des changements de comportement ;

- assurer l'accès des populations à un service durable de l'assainissement ;

- réduire les pollutions et nuisances sur l'environnement ;

- organiser tout en développant le sous-secteur.

La Direction nationale élabore donc et veille au respect des normes nationales en matière d'assainissement. Son rôle le plus difficile en même temps le plus important est la formation et la sensibilisation des citoyens sur les problèmes d'insalubrité, en rapport avec les structures concernées, les Collectivités territoriales et la société civile.

Selon la stratégie nationale de transfert de compétences en matière d'assainissement de l'État aux Collectivités, celles-ci délibèrent, élaborent et mettent en œuvre des outils de planification en matière d'hygiène publique et d'assainissement (v. Loi n° 2023-004 du 13 mars 2023 *portant Code des Collectivités territoriales*). Le Décret n° 2014-0572/P-RM du 22 juillet 2014 *fixant le détail des compétences transférées de l'État aux Collectivités territoriales dans le domaine de l'assainissement et de la lutte contre les pollutions et nuisances* (JORM n° 36 du 5 septembre 2014, p. 1423) indique que les Collectivités territoriales mettent en œuvre les politiques et stratégies nationales en matière d'assainissement et appliquent les lois et règlements pris dans ce domaine.

B - L'air

Le rapport national 2020 sur l'état de l'environnement au Mali fait le constat que « la qualité de l'air est affectée à la fois par les températures élevées de saison sèche qui favorisent la pollution photochimique et par les poussières sahariennes contenues dans le vent sec venant du Nord-est (appelé harmattan) dont la fréquence et l'intensité varient ». L'air subit aussi les pollutions dues aux gaz émis par les transports, l'industrie, l'élevage, l'énergie, les feux de brousse, l'agriculture, les ménages. Ce qui affecte dangereusement sa qualité. En réponse à ces menaces, le Mali a adopté plusieurs textes dont le Décret n°

01-397 du 6 septembre 2001 (JORM n° 27 du 30 septembre 2001, p. 1454) fixant les modalités de gestion des polluants de l'atmosphère. La gestion des polluants de l'atmosphère a pour objet la prévention et la réduction des concentrations de polluants de l'atmosphère à un niveau qui ne perturberait pas sa qualité, la lutte contre les effets nocifs des polluants de l'atmosphère sur l'environnement et sur la santé humaine et animale, la surveillance et leur contrôle. Le Décret n° 99-189 du 5 juillet 1999 (JORM n° 20 du 20 août 1999, p. 770) portant institution de la procédure d'études d'impact sur l'environnement, abrogé et remplacé par le Décret n° 03-594 du 31 décembre 2003 relatif à l'Étude d'impact sur l'environnement (JORM n° 05 du 20 février 2004, p. 185) puis par le Décret n° 08-346/P-RM du 26 juin 2008, modifié, *relatif à l'étude d'impact environnemental et social* (JORM, n° 31 du 1er août 2008, p. 1204) enfin par le Décret n° 2018-0991/P-RM du 31 décembre 2018 *relatif à l'étude et à la notice d'impacts environnemental et social* (JORM, n° 51 du 28 décembre 2018, p. 1998) et l'Arrêté interministériel n° 06-1218 du 13 juin 2006 portant interdiction de l'importation et de la commercialisation de l'essence avec plomb au Mali (www.sante.gov.ml) ont été pris dans le même sens.

Le rapport 2017 sur l'état de l'environnement au Mali (pp. 17 et s.) fait état, et l'observation le confirme, d'une importante pollution de l'air dans les centres urbains, principalement dans la capitale du pays. Cette pollution due essentiellement aux activités des transports, de l'industrie, des ménages, etc., « (…) *impacte le climat et affecte l'état de santé des populations* ». Ce rapport, indique que « *Le nombre de nouveaux cas de maladies liées à la qualité de l'air a atteint 1 236 252 cas en 2015 pour ensuite retomber à 305 603 cas en 2016 (DNS- 2016)* ». La responsabilité de l'État peut d'ailleurs être engagée de ce chef, conformément à ses obligations découlant des textes internationaux qu'il a ratifiés, notamment le Protocole de Montréal sur les substances qui appauvrissent la couche d'ozone (v. le Décret n° 2016-0721/P-RM du 15 septembre 2016, publié au JORM n° 41 du 7 octobre 2016, p. 1639) et même en recourant au droit interne, car il est de sa responsabilité d'empêcher ces pollutions ou de sanctionner leurs auteurs. Il s'agit là d'un exemple parmi tant d'autres qui peut être étendu aux domaines des mines, de l'eau, etc. L'État du Mali est d'ailleurs conscient de cette responsabilité. C'est ce qui l'a conduit à être parmi les premiers pays à avoir ratifié l'Accord de Paris de 2015 sur les changements climatiques (v. le Décret n° 2016-0721/P-RM du 15 septembre 2016, publié au JORM n° 41 du 7 octobre 2016, p. 1639).

Les interpellations des Déclarations de Stockholm sur l'Environnement et de Rio sur l'Environnement et le Développement sont très fortes en matière de lutte contre les pollutions. Elles invitent les États à « (…) *prendre toutes mesures possibles pour empêcher la pollution (…) par des substances qui risquent de mettre en danger la santé de l'homme, de nuire aux ressources biologiques* (…) » ; à « (…) *élaborer une législation nationale concernant la responsabilité de la pollution et d'autres dommages à l'environnement* » (principe 13 de la Déclaration de Rio 1992). En référence à ces principes, plusieurs textes sont adoptés par le législateur malien. C'est ainsi qu'en réponse aux pollutions de l'air et de la terre, le Mali s'est fortement appuyé sur les Conventions déjà citées sur les changements climatiques. Il a aussi ratifié, en 2003, la *Convention sur les polluants organiques persistants* adoptée à Stockholm (Suède) le 22 mai 2001 (v. le Décret n° 2003-201/P-RM du 21 mai 2003 publié au JORM n° 16 du 10 juin 2003, p. 2412). En application de cette Convention, il a adopté le décret fixant *les modalités de gestion des polluants de l'atmosphère* (v. *supra*). Ce décret, qui a pour objet la gestion des polluants de l'atmosphère, cite nommément la Convention de Vienne pour la protection de la couche d'ozone, le Protocole de Montréal relatif à des substances qui appauvrissent la couche d'ozone, la Convention-cadre sur les changements climatiques. Est aussi adoptée la loi relative aux pollutions et aux nuisances qui fixe « *les principes fondamentaux du contrôle des pollutions et nuisances* ». A également été adopté le Décret n° 2014-0572/P-RM du 22 juillet 2014 *fixant le détail des compétences transférées de l'État aux Collectivités territoriales dans le domaine de l'Assainissement et de la lutte contre des Pollutions et Nuisances* (JORM n° 36 du 5 septembre 2014, p. 1423).

Le Mali a ratifié la Convention de Vienne pour la protection de la couche d'ozone, signée le 22 mars 1985 ; le Protocole de Montréal relatif à des substances qui appauvrissent la couche d'ozone signé le 16 septembre 1987 et son amendement, adopté à Londres le 29 juin 1990 ; la Convention-cadre sur les changements climatiques adoptée à Rio de Janeiro le 12 juin 1992.

C - Le bruit

Le bruit est défini par l'art. 2 de la loi du 24 mai 2021, modifiée, sur les pollutions et les nuisances comme tout « son plus ou moins intense jugé indésirable, de nature à causer aux personnes et aux animaux qui le subissent, une lésion, une gêne ou un inconfort ». En mettant l'accent sur le caractère plus ou moins intense du son, cette définition sous-entend que le bruit peut être ressenti de façon différente, en fonction du niveau acoustique réel ou en fonction de l'équilibre nerveux de celui qui en est victime. Ces nuisances sonores sont le plus souvent provoquées par les bruits des machines et les va-et-vient des moyens de transport (véhicules automobiles, engins à deux roues, avions, trains, bateaux, …). Elles dégradent les capacités auditives des ouvriers à l'intérieur des établissements ainsi que celles des habitants dans les environs. L'art. 40 de la loi précitée (l'unique consacré au bruit) indique que constitue un délit, tout bruit susceptible de nuire au repos, à la tranquillité, à la santé, à la sécurité publique ou de porter atteinte à l'environnement. La peine encourue est une amende de 2 000 000 à 5 000 000 francs CFA (art. 61).

Le Code des Collectivités territoriales de 2023 donne aux maires le pouvoir de prendre des arrêtés généraux ou individuels en vue de réprimer les atteintes à la tranquillité publique par des bruits et rassemblements nocturnes qui troublent le repos des habitants (art. 66 de la Loi n° 2023-004 du 13 mars 2023, JORM n° 09 du 7 avril 2023, p. 336). La Loi n° 2024-027 du 13 décembre 2024 *portant Code pénal* interdit « tout bruit susceptible de nuire au repos, à la tranquillité, à la santé, à la sécurité ou de porter atteinte à l'environnement » (art. 531-30). Il s'agit d'une contravention de troisième classe sanctionnée d'une amende supérieure à 75 000 francs mais, n'excédant pas 100 000 francs (art. 601-1 et 604-1).

Malgré ces interdictions, certaines nuisances sonores comme le bruit des mosquées ou de certaines cérémonies familiales comme les mariages et les baptêmes sont devenues, au nom des règles coutumières, des troubles normaux de voisinage. Ces rituels, très fréquents, font partie du mode de vie de la majorité des populations. Aucune règle moderne, nationale ou internationale, ne peut d'ailleurs y mettre fin.

Pour minimiser ces nuisances, l'alinéa 2 de l'art. 40 de la loi sur les pollutions et les nuisances prévoit que « les établissements humain, industriel, minier ou artisanal doivent être implantés et exploités dans le respect des zones de sensibilité (…) ». Cela prouve que le droit de l'urbanisme est ici un outil privilégié de prévention des nuisances sonores et en particulier des bruits de voisinage.

D - Les déchets

Les déchets sont définis par l'art. 2 de la Loi n° 2021-032 du 24 mai 2021, modifiée, relative aux pollutions et aux nuisances (JORM n° 16 du 28 mai 2021, p. 607) comme « tout résidu d'un processus de production, de transformation ou d'utilisation, toute substance, matériau produit ou plus généralement tout bien meuble abandonné ou que son détenteur destine à l'abandon et qui sont de nature à produire des effets nocifs sur le sol, la flore et la faune, à dégrader les sites ou les paysages, à polluer l'air ou les eaux, à engendrer des bruits ou des odeurs, et d'une façon générale, à porter atteinte à la santé de l'homme et à l'environnement ». Ils sont distingués selon leur origine (déchets ménagers, industriels, agricoles), selon leur dangerosité (déchets dangereux, déchets spéciaux, …) ou encore selon le stade de leur traitement (déchets initiaux, déchets ultimes). Il y a, entre autres, les déchets solides, c'est-à-dire ceux constitués essentiellement d'ordures ménagères, de ferrailles et les déchets industriels. Les ordures ménagères, comme leur nom l'indique, proviennent de la vie des ménages (cuisine, habillement, renouvellement de biens), de jardinage, de loisir, d'activités commerciales et administratives, etc. Elles sont, selon le rapport national 2014 sur l'état de l'environnement au Mali, les plus importantes et représentent environ 99% des déchets produits. Les déchets liquides sont les eaux usées et les huiles usées. La grande partie de ces déchets est rejetée sans traitement approprié, dans les collecteurs et dans les cours d'eau notamment les fleuves Niger et Sénégal. Ils constituent ainsi autant de dangers pour la santé des populations riveraines et la biodiversité de ces fleuves. Les statistiques sur leur quantité par ville sont disponibles auprès de la Direction nationale du Contrôle des pollutions et des nuisances.

L'art. 37 de la loi sur les pollutions et les nuisances indique que « Les déchets spéciaux comprennent : les déchets biomédicaux, les déchets plastiques, les huiles usagées, les pesticides obsolètes, les polychlorobiphényles (PCB) et les polychloroterphényles (PCT), les piles et accumulateurs usagés, les déchets radioactifs, les déchets électroniques, électriques et électroménagers, les déchets contenant de l'amiante, les déchets issus d'activités militaires, les bidons, fûts et emballages usagés, les déchets chimiques liés à l'exploitation minière, les solvants usés ».

La réglementation dans le domaine des déchets est assez fournie. Ainsi, la loi susvisée, sur les pollutions et les nuisances, invite toute personne qui produit ou détient des déchets domestiques solides, liquides, agricoles ou autres dans des conditions susceptibles de porter atteinte à la santé et à la sécurité publique ou à l'environnement de façon générale, à en assurer l'élimination ou le recyclage (art. 12, 16, 19). Elle interdit de déverser dans les cours d'eau ou autres lieux publics ou privés, les déchets domestiques liquides ou solides non conformes aux normes de rejet. « *Tout producteur de déchets spéciaux est tenu de faire parvenir annuellement au ministre chargé de l'Environnement, la nature, la quantité et les procédures d'élimination des déchets produits.* » (art. 35).

La Loi n° 2014-024 du 3 juillet 2014 (JORM n° 32 du 8 août 2014, p.1246) interdit, à compter du 1er janvier 2014, la production, l'importation et la commercialisation de sachets plastiques non biodégradables en République du Mali. Il est fait allusion au « sac de grand ou petit format à base de matière synthétique (polyéthylène), servant de contenant pour les denrées alimentaires ou tout autre produit » et à « tout sachet plastique susceptible de se décomposer dans un délai d'au plus 18 mois, sous l'action des microorganismes présents dans la nature ». Les contrevenants s'exposent « au payement de 100 francs par sachet de petit format et de 200 francs par sachet de grand format. En outre, ces sachets plastiques sont saisis et confisqués. ».

La Loi n° 2024-027 du 13 décembre 2024 portant Code pénal vise expressément les déchets dangereux (art. 531-18 et suivants). À l'instar de la loi sur les pollutions et les nuisances (art. 29), elle présume dangereux tout déchet en provenance de l'étranger (art. 531-18). Elle définit les déchets dangereux comme « les produits et sous-produits non utilisés et non utilisables, les résidus et déchets résultant d'une activité industrielle, commerciale, artisanale, agricole, scientifique ou toutes autres activités qui peuvent présenter un danger pour la santé et pour l'environnement, soit par eux-mêmes, soit lorsqu'ils entrent en contact avec d'autres produits du fait de leur réactivité chimique ou de leurs propriétés toxiques ». Elle interdit, sur toute l'étendue de la République du Mali, leur offre ou vente, leur acquisition et cession à titre onéreux ou gratuit, leur détention, transformation, destruction, neutralisation et élimination (art. 531-19). L'art. 531-20 interdit les actes relatifs à l'achat, à la vente, à l'importation, à l'exportation, au transit, au transport, au traitement, au dépôt et au stockage de déchets dangereux sans autorisation préalable du ministre chargé de l'Environnement. Tout producteur de déchets dangereux est tenu de faire parvenir annuellement au ministre chargé de l'Environnement, la nature, la quantité, la date et les procédures d'élimination des déchets produits (art. 531-21). Les exportations de déchets dangereux ne peuvent être autorisés vers un pays que lorsque celui-ci dispose d'installations adéquates pour les éliminer selon les méthodes écologiquement rationnelles (art. 531-22). Ils doivent, dans ce cas être emballés, étiquetés et transportés conformément aux normes et règles internationales acceptées et reconnues en matière d'emballage, d'étiquetage et de transport.

Les contrevenants aux dispositions des art. 531-20 et 531-21 du Code pénal sont punis d'un emprisonnement de deux ans et d'une amende de 1 000 000 de francs (art. 532-9). En cas de récidive les amendes et les peines sont portées au double. Quant aux auteurs d'infractions aux dispositions de l'alinéa 2 de l'art. 531-22, ils sont punis d'un emprisonnement de deux ans et d'une amende de 10 000 000 de francs (art. 532-11). En cas de récidive, ces peines peuvent être portées au double.

La Loi n° 89-061 du 2 septembre 1989 *portant répression de l'importation et du transit des déchets toxiques* (JORM n° 17 du 15 septembre 1989, p. 647) définit les déchets toxiques de la même manière que le Code pénal définit les déchets dangereux (v. *supra*).

L'Ordonnance n° 00-035/P-RM du 14 septembre 2000 autorise l'adhésion de la République du Mali à la Convention de Bâle sur le contrôle des mouvements transfrontières de déchets dangereux et de leur élimination (ratifiée par la Loi n° 00-081 du 22 décembre 2000, JORM n° 09 du 31 mars 2001, p. 327).

L'Ordonnance n° 91-06/P-CTSP du 25 avril 1991 autorise l'adhésion de la République du Mali à la Convention de Bamako sur l'interdiction d'importer des déchets dangereux en Afrique et le contrôle de leurs mouvements transfrontières, signée à Bamako le 30 janvier 1991.

Le Décret n° 07-135/P-RM du 16 avril 2007 (JORM n° 14 du 20 mai 2007, p. 541) fixe la liste des déchets dangereux.

Le Décret n° 01-394/P-RM du 6 septembre 2001 (JORM n° 27 du 30 septembre 2001, p. 1046) fixe les modalités de gestion des déchets solides. Cette gestion a pour objet la prévention et la réduction du volume des déchets solides et de leur nocivité ; la valorisation des déchets solides par le recyclage ; la promotion de décharge ; l'organisation et l'élimination des déchets solides et la remise en état des sites contaminés ; la lutte contre les effets nocifs des déchets plastiques sur la santé humaine, le sol, l'eau, la faune, la flore ; l'élimination, la surveillance et le contrôle du transfert des déchets solides.

Il est important de préciser que la problématique de la gestion des déchets solides, particulièrement dans le District de Bamako et dans la ville de Kati, est caractérisée entre autres par « l'accumulation des ordures ménagères, la création de nombreux dépôts sauvages, la stagnation des eaux usées et pluviales ». C'est le constat fait par le Conseil des ministres du 27 octobre 2021 qui a ainsi recommandé la mise en place de commissions interministérielles de réflexion et de suivi de la gestion durable des déchets solides du District de Bamako et de la ville de Kati.

Le Décret n° 90-355/P-RM du 8 août 1990 (JORM n° 18 du 30 septembre 1990, p. 645) fixe la liste des déchets toxiques et les modalités d'application de la Loi n° 89-061 du 2 septembre 1989 portant répression de l'importation, du transit des déchets toxiques.

Malgré cette importante réglementation, « (...) la quantité totale des déchets liquides, toutes catégories confondues, est évaluée à 10 654 449,68 mètres cube par an. Les déchets solides sont jetés dans les collecteurs et caniveaux ou dans des coins de rue tandis que les eaux usées domestiques sont évacuées dans des puisards, des puits d'infiltration, des caniveaux ou collecteurs et rarement dans des égouts. Il s'en suit, entre autres, le comblement des collecteurs et caniveaux d'où l'augmentation des risques d'inondation, les nuisances olfactives dues aux mauvaises odeurs et la prolifération d'organismes vecteurs de maladies » (rapport 2014 sur l'état de l'environnement au Mali, p. 6). C'est la preuve que cette réglementation n'est pas entièrement suivie d'effet. C'est surtout dans le domaine de la vie urbaine qu'il est remarqué une forte concentration des populations et donc de la production de déchets et de leur gestion. Pour répondre à cette pression sur le cadre de vie, il a été conçu et mis en œuvre le programme d'urgence d'assainissement dans le district de Bamako avec l'évacuation de déchets solides. La conclusion en juin 2014 d'une convention-cadre entre l'État, le District de Bamako et le groupe Ozone Environnement et Services pour la mise à niveau, l'évacuation, le traitement et la valorisation des déchets dans la ville de Bamako ainsi que la gestion en décharge des déchets solides s'inscrit dans ce cadre.

La gestion des déchets relève de la compétence traditionnelle de la commune qui gère, par ses délibérations, les affaires relatives à l'Hygiène publique et à l'Assainissement, à la Lutte contre les pollutions et les nuisances (article 22 de la Loi n° 2023-004 du 13 mars 2023 portant *Code des Collectivités territoriales*, publiée au JORM n° 09 du 7 avril 2023, p. 330). Mais avant les délibérations du Conseil communal, celui-ci requiert obligatoirement l'avis des conseils de villages, de fractions et/ou de quartiers concernés (art. 26). Au niveau de la région, cette compétence appartient au Conseil régional (art. 96). Le maire prend des règlements de police en vue d'assurer l'ordre, la sécurité, la tranquillité et la salubrité publics (art. 65).

CHAPITRE 2 - LUTTE INTÉGRÉE : LES INSTALLATIONS CLASSÉES

La réglementation des installations classées a pour but de lutter contre la présence d'installations bruyantes ou polluantes, particulièrement dans les zones d'habitation. Au Mali, les instruments juridiques de lutte contre les pollutions et les nuisances sont essentiellement dominés par la loi sur les installations classées (Loi n° 08-033 du 11 août 2008, publiée au JORM n° 37 du 12 septembre 2008, p. 1445) et son décret d'application (Décret n° 09-666/P-RM du 21 décembre 2009) qui en constituent les fondements. Ils constituent, avec la loi du 24 mai 2021, modifiée, sur les pollutions et les nuisances et ses décrets d'application, l'essentiel de la réglementation sur le cadre de vie.

Avant ces textes, c'est un arrêté du 20 novembre 1969 (JORM n° 314 du 15 novembre 1969 (sic), p. 878) qui réglementait les installations classées. Cet arrêté parle d'ailleurs d'établissements classés et non d'installations classées. Si la notion d'installation paraît plus large que celle d'établissement, il convient de noter que les contenus des deux notions, concernant la réglementation, sont identiques. Il s'agit dans les deux cas d'activités présentant des causes de dangers ou d'inconvénients pour la sécurité, la salubrité, la commodité du voisinage ou la santé publique. Cet arrêté vise le décret du 20 octobre 1926 portant réglementation des établissements dangereux, insalubres et incommodes et l'arrêté du 14 novembre 1955 modifiant la nomenclature des établissements dangereux, insalubres et incommodes. Il s'agit là incontestablement d'une influence du droit colonial. L'arrêté dont il s'agit crée une commission technique des établissements classés placée auprès de la Direction nationale des Travaux publics. Le Décret n° 09-713/PM-RM du 31 décembre 2009 la place auprès du ministre chargé de l'Environnement (JORM n°

04 du 22 janvier 2010, p. 138) et la dénomme : Commission technique des installations classées.

Déjà en 1961, un arrêté du ministre des Travaux publics, de l'Habitat, des Mines et des Ressources énergétiques a annulé « deux établissements classés dangereux, incommodes ou insalubres » (sic). Il s'agit de « l'Arrêté n° 2.702 du 26 novembre 1942 et l'arrêté à Diré (sic) autorisant la Compagnie française de l'Afrique occidentale à installer et exploiter une usine de décorticage d'arachides sur le titre foncier 1.494 à Bamako » (JORM n° 85 du 1er juin 1961, p. 467).

Sont ainsi soumis au régime des installations classées pour la protection de l'environnement, les « manufactures, ateliers, usines, dépôts, carrières, chantiers et d'une manière générale toutes les installations publiques ou privées dont les activités peuvent présenter des dangers ou des inconvénients soit pour la commodité du voisinage, soit pour la santé, la sécurité et la salubrité publiques, soit pour la nature et l'environnement, soit pour la conservation des sites et monuments ». Ces installations sont classées en fonction des dangers ou inconvénients que peut représenter leur exploitation (art. 4 de la loi précitée). Leurs création et exploitation donnent lieu à autorisation ou à déclaration et sont soumises à des inspections pour contrôler le respect des règles qui leur sont applicables (art. 5 de la loi précitée). Un document que l'on nomme « nomenclature », annexé au Décret n° 09-666/P-RM du 21 décembre 2009, précise les installations qui relèvent de l'une ou l'autre des catégories, selon un classement par activité.

Sont soumises à autorisation les installations dont l'exploitation présente de graves dangers ou inconvénients tels qu'ils rendent nécessaire la mise en place de moyens d'analyse, de mesure et de moyens d'intervention spécifiques (A). Les installations dont l'exploitation présente pour la commodité du voisinage ou pour la salubrité publique, des inconvénients qui peuvent disparaître par l'application de prescriptions d'ordre général font l'objet de déclaration (B).

C'est un arrêté du ministre chargé de l'Environnement qui procède à cette classification.

A - Les installations soumises à autorisation

C'est le Décret n° 09-666/P-RM du 21 décembre 2009 *portant modalités d'application de la loi sur les installations classées pour la protection de l'environnement*, précité, qui fixe la procédure d'autorisation. Il indique que la demande d'autorisation est adressée à l'administration chargée du Contrôle des pollutions et des nuisances. Elle doit comprendre un certain nombre de renseignements sur le demandeur. S'il s'agit d'une personne physique, la demande doit mentionner les nom, prénom, domicile de celle-ci, l'emplacement sur lequel doit être réalisée l'installation, la nature et le volume des activités prévues, le permis environnemental et une note technique sur la sécurité incendie. Si le demandeur est une personne morale, la demande d'autorisation mentionne la dénomination ou raison sociale, la forme juridique, l'adresse du siège social, le permis environnemental et la note technique sur la sécurité incendie.

Des plans doivent être joints à la demande qui est introduite avant tout commencement d'exploitation de l'installation (art. 9 du décret). Lorsque la demande d'autorisation est jugée régulière par l'administration chargée du Contrôle des pollutions et des nuisances, elle est transmise au ministre chargé de l'Environnement qui décide, par arrêté, d'ouvrir une enquête. L'enquête est confiée à la commission technique des installations classées

(v. *supra*) qui est chargée de donner son avis sur tout dossier soumis au ministre chargé des Installations classées en vue de l'obtention d'une autorisation d'ouverture et d'exploitation (art. 2 du Décret n° 09-713/PM-RM du 31 décembre 2009 *portant création de la commission technique des installations classées*, publié au JORM n° 04 du 22 janvier 2010, p. 138).

Le maire de la Commune où l'installation projetée doit être implantée et celui de chacune des communes dont le territoire est atteint par le rayon d'affichage donnent leurs avis dès l'ouverture de l'enquête. Lorsque l'avis de la commission technique est favorable, le ministre de l'Environnement prend un arrêté d'autorisation. Des arrêtés ministériels complémentaires peuvent être pris, sur proposition de la commission technique compétente, prescrivant des mesures additionnelles devenues nécessaires. Toute modification ultérieure à l'installation entrainant des changements notables au dossier préalablement soumis à l'autorisation est portée à la connaissance du directeur national chargé des Pollutions et des Nuisances ou à son représentant au niveau régional concerné (art. 12 du décret). Cette autorisation d'ouverture est portée à la connaissance du public par des affichages des extraits de l'arrêté sur les lieux de l'installation.

Il faut préciser qu'une seule demande peut être faite pour l'ensemble des installations exploitées sur le même site par le même exploitant. Il sera procédé, dans ce cas, à une seule enquête (art. 5 du décret n° 09-666).

Les installations dont l'exploitation présente pour la commodité du voisinage ou pour la salubrité publique, des inconvénients qui peuvent disparaître par l'application de prescriptions d'ordre général font l'objet de déclaration.

B - Les installations soumises à déclaration

Il est important de rappeler que sont soumises simplement à déclaration les ICPE qui ne présentent pas de graves dangers ou inconvénients. Cette procédure est beaucoup plus simple que la précédente puisque la déclaration qui doit être envoyée à l'administration chargée des Pollutions et des Nuisances ne comporte que les coordonnées de la personne physique ou morale signataire de la déclaration, la mention de l'emplacement sur lequel l'installation doit être réalisée, la nature et le volume des activités prévues (art. 15 du décret). Le déclarant doit produire, en outre, un plan de situation du cadastre. Le mode de gestion des eaux résiduaires et des émanations de toute nature ainsi que le mode d'élimination des déchets et résidus de l'exploitation seront indiqués. La déclaration mentionne également les dispositions prévues en cas de sinistre.

Lorsque le directeur régional du service chargé des Pollutions et des Nuisances estime que le déclarant respecte les prescriptions légales concernant l'installation, il enregistre la déclaration et en informe la mairie de la commune concernée.

La déclaration cesse de produire ses effets lorsque l'installation n'a pas été mise en service dans le délai de trois ans ou lorsque l'exploitation a été interrompue pendant deux années consécutives, sauf cas de force majeure dûment constatée par la commission technique. L'art. 23 de la Loi n° 08-033 précise qu'indépendamment des poursuites pénales qui peuvent être exercées, lorsqu'un inspecteur des Installations classées a constaté l'inobservation des conditions imposées à l'exploitant d'une installation classée, l'administration des Pollutions et des Nuisances met en demeure ce dernier de satisfaire à ces conditions dans un délai déterminé. « À l'expiration du délai fixé pour l'exécution, si l'exploitant n'a pas obtempéré à cette infraction (sic), l'administration des Pollutions et des Nuisances peut l'obliger à consigner, entre les mains d'un comptable public, une caution correspondant au montant des travaux à réaliser, laquelle lui sera restituée au fur et à mesure de l'exécution des travaux. Il est, le cas échéant, procédé au recouvrement de cette somme comme en matière de créance étrangère à dépôt et aux domaines ». Il peut être demandé également la suspension par arrêté, après avis de la Commission technique, du fonctionnement de l'installation jusqu'à exécution des conditions imposées.

En cas d'accidents survenus du fait du fonctionnement de toute installation soumise à autorisation ou à déclaration, l'exploitant est tenu d'informer, sans délai, l'administration chargée des Installations classées. Cette administration peut décider de la remise en service ou non de cette installation.

Une installation classée pour la protection de l'environnement, qu'elle soit autorisée ou déclarée, peut faire l'objet d'un contrôle administratif régulier dans le but de s'assurer qu'elle remplit constamment les règles d'hygiène, de salubrité et de sécurité nécessaire à la protection de la santé publique et de l'environnement. L'inspection des Installations classées est assurée par des inspecteurs désignés par arrêté conjoint des ministres chargés de l'Environnement, de l'Industrie, des Mines, de la Santé et de la Protection civile (art. 20 du décret n° 09-666). Les infractions aux dispositions législatives et réglementaires relatives aux installations classées sont assorties de sanctions. Ces sanctions (administratives et pénales) sont prononcées conformément aux dispositions des art. 18 et suivants de la Loi n° 08-033. Par exemple, outre des mesures de fermeture ou de suspension, des sanctions d'une peine d'emprisonnement de 3 mois à un an et d'une amende de 100.000 à 500.000 F CFA ou de l'une de ces deux peines sont prévues.

En matière d'installations classées, aucune transaction n'a été prévue.

Le non-respect de la réglementation sur les installations classées comme des évènements indépendants de la volonté de l'homme sont susceptibles de provoquer des risques majeurs.

CHAPITRE 3 - LES RISQUES MAJEURS

Par « risque », il faut entendre l'éventualité de la survenance d'un évènement négatif, c'est-à-dire de tout évènement dommageable. Ses conséquences peuvent être faibles ou importantes. Lorsque celles-ci sont importantes, le risque est dit majeur. Il est qualifié de catastrophe. Cette dernière notion est définie comme étant un « évènement soudain qui, bouleversant le cours des choses, amène la destruction, la ruine, la mort ». Le risque doit, en principe, être couvert par des contrats d'assurance. Des catastrophes telles que les inondations et les intempéries sont récurrentes au Mali à cause, notamment, des effets des changements climatiques. Les dégâts sur les personnes, les biens et l'environnement sont parfois considérables. Il en résulte généralement des pertes en vies humaines, destruction des cultures, effondrement des habitations, destruction du cheptel, etc.

Pour faire face à ces évènements, l'État, les Collectivités territoriales, les populations et leurs partenaires mettent en place des stratégies pour renforcer leurs capacités de ripostes et de résilience. La réglementation mise en place est ici appelée à jouer un rôle, d'abord, pour prévenir de telles catastrophes en amont, ensuite pour organiser la réaction en cas de réalisation et enfin pour en gérer les suites, en aval (recherche des responsabilités, réparation, indemnisation, réhabilitation des sites, etc.). C'est ainsi que dès 1972, il a été créé la Direction nationale de la Protection civile (voir Ordonnance n° 1972-41 du 16 septembre 1972, publiée au JORM n° 386 du 1er octobre 1972, p. 552), placée sous l'autorité du ministère chargé de l'Intérieur et ayant pour tâche de protéger, sauver et secourir les personnes et de protéger les biens par des mesures et des moyens destinés à prévenir ou atténuer les conséquences des catastrophes naturelles et techniques. Elle est devenue une Direction générale par l'Ordonnance n° 98-026 du 25 août 1998 (JORM n° 21 du 15 novembre 1998, p. 898) et est placée aujourd'hui (en 2025) sous l'autorité du ministre de la Sécurité et de la Protection civile. Dans ce même sens et dans un but préventif, ont été adoptées la loi d'orientation sur l'aménagement du territoire (JORM n° 26 du 30 juin 2017, p. 1012) et la loi de programmation relative à la sécurité intérieure pour les années 2017 à 2021 (JORM n° 32 du 11 août 2017, p. 1242).

La loi *portant loi d'orientation agricole* (publiée au JORM, spécial n° 06 de (sic) septembre 2006) indique que l'État et les Collectivités territoriales sont responsables de la prévention et la gestion des risques majeurs et des calamités naturelles affectant les productions agricoles. Ils doivent, à ce titre, mettre en place un système de surveillance et de prévention visant à permettre aux citoyens d'accéder à l'information sur les risques majeurs auxquels ils sont soumis et sur les mesures de sauvegarde qui les concernent. À cet effet, l'État a mis en place un fonds national des risques et des calamités agricoles en vue de minimiser l'impact des risques majeurs et des calamités sur le développement agricole et les conditions de vie des populations rurales (art. 58). C'est le sens de l'adoption de la Loi n° 10-031 du 12 juillet 2010 (publiée au JORM n° 32 du 6 août 2010, p. 1263) qui crée, dans le budget d'État, un Compte d'affectation spéciale dénommé Fonds National d'Appui à l'Agriculture, en abrégé FNAA.

La Loi n° 08-042 du 1er décembre 2008 *relative à la sécurité en biotechnologie en République du Mali* (publiée au JORM, n° 01 du 2 janvier 2009, pp. 3-23) dispose que l'autorisation d'importer, faire transiter, utiliser en milieu confiné, disséminer et/ou libérer ou mettre sur le marché un organisme génétiquement modifié, n'est délivrée que lorsque l'autorité nationale compétente estime ou décide qu'il ne sera pas causé « de risques majeurs à la santé humaine, la diversité biologique et l'environnement en général » (art. 26).

Parmi les textes règlementaires majeurs en matière de réduction des risques et de gestion des catastrophes, on peut citer :

- Décret n° 2019-0543/PM-RM *portant création du comité technique ad hoc chargé du suivi du programme d'urgence de prévention des risques et catastrophes* (JORM n° 26 du 16 août 2019, p. 1010) ;

- Décret n° 2017-0950/PM-RM du 27 novembre 2017 *instituant le mécanisme national d'alerte précoce et de réponse aux risques sécuritaires* (publié au JORM n° 50 du 15 décembre 2017, p. 1967), abrogé par le Décret n° 2021-0175/PM-RM du 23 mars 2021 (JORM n° 09 du 26 mars 2021, p. 338) ;

- Décret n° 2016-0974/P-RM du 27 décembre 2016 *portant création, organisation, attributions et modalités de fonctionnement de la Plateforme nationale pour la Réduction des Risques de Catastrophes au Mali* (JORM n° 01 du 6 janvier 2017, p. 16) ;

- Décret n° 2016-0346/P-RM du 19 mai 2016 *portant approbation du document de stratégie nationale sur la réduction des risques de catastrophes au Mali* (JORM n° 25 du 17 juin 2016, p. 973) ;

- Décret n° 2015-0889/P-RM du 31 décembre 2015 *déterminant le Plan d'Organisation des Secours au Mali Plan ORSEC* (JORM n° 03 du 15 janvier 2016, p. 83) ;

- Arrêté n° 2017-2655/MSPC-SG du 11 août 2017 *fixant le détail de l'organisation et du fonctionnement du Centre National des Opérations d'urgence* (JORM n° 50 du 15 décembre 2017, p. 1971) ;

- Arrêté n° 2013-2374/MSIPC-SG *portant création du Comité de Pilotage du Projet de gestion des risques de catastrophes et d'adaptation aux changements climatiques au Mali* (JORM n° 12 du 21 mars 2014, p. 462) ;

- etc.

Le Décret n° 2015-0889/P-RM du 31 décembre 2015 détermine le plan d'organisation des secours au Mali. Ce plan d'organisation des secours appelé plan ORSEC prévoit la coordination des secours sous une même autorité en cas de « crises majeures ou de catastrophes mettant en péril des vies humaines et occasionnant des pertes matérielles considérables sur les infrastructures socioéconomiques vitales d'une manière générale ». L'art. 2 de ce décret indique que le plan ORSEC est activé en cas de :

> « (…)- *calamités naturelles telles que : inondation, sécheresse, invasions acridiennes, invasions aviaires, épidémies, vents violents, feux de brousses, épizooties) ;*
>
> *- incendies ;*
>
> *- accidents technologiques explosions ;*
>
> *- risques biologiques et nucléaires ;*
>
> *- accidents dans les mines ;*
>
> *- conflits communautaires ;*
>
> *- ruptures de barrages ;*

- accident de transport : routier, aérien, ferroviaire, fluvial ;

- mouvements de foules, paniques, émeutes, conflits sociaux et guerre ;

- attentats terroristes ;

- attentat sur les monuments et édifices intégrés dans le patrimoine national et international ;

- tout événement faisant apparaître une notion de risque collectif et/ou évolutif pour les personnes, les biens et l'environnement… » (voir par exemple le Décret n° 2024-0485/PM-RM du 23 août 2023 déclarant l'état de catastrophe national). Il est élaboré, adopté et mis en œuvre aux niveaux de la commune, du cercle, de la région, du District ou du pays.

Des instruments de programmation comme le Schéma National d'Analyse et de Couverture des Risques (SNACR) et le Plan de Contingence Nationale Multirisques (PCNM) sont adoptés.

Le Mali bénéficie depuis 2020 du « programme HYDROMET » visant à offrir des services hydrométéorologiques efficaces et renforcer les capacités d'intervention des structures nationales en matière de prévention et de réponse aux catastrophes.

La mise en œuvre de ce programme a permis la réalisation de quelques activités de renforcement des capacités des acteurs sur les notions de risques et catastrophes naturelles, l'animation des comités des groupes de travail pluridisciplinaires d'assistance météorologique aux usagers et surtout la mise en place de l'unité de gestion du projet (Rapport national 2020 sur l'état de l'environnement au Mali).

L'harmonisation de la lutte contre les catastrophes a nécessité la création, auprès du Premier ministre, d'une organisation nationale multisectorielle d'analyse et de conseil pour la mise en œuvre de toutes les actions de prévention, de préparation, d'atténuation et d'intervention en cas de catastrophes, dénommée « Plateforme nationale pour la Réduction des Risques de Catastrophes au Mali », en abrégé PNRRC (voir Décret n° 2016-0974/P-RM publié au JORM n° 01 du 6 janvier 2017, p. 16). Cette plateforme est chargée :

- de veiller à la mise en œuvre de la Stratégie nationale de Réduction des Risques de Catastrophes ;

- de soutenir l'intégration durable de la dimension prévention et réduction des risques de catastrophes dans les politiques de bonne gouvernance, stratégies, plans de développement, et les programmes de réduction de la pauvreté ;

- de valider tous les programmes et projets nationaux dans le domaine de la prévention et de la réduction des risques de catastrophes ;

- de promouvoir la collaboration entre toutes les structures intervenant dans le domaine des risques de catastrophes ;

- de faciliter la mobilisation des ressources nécessaires aux programmes et projets de réduction des risques et à la reconstruction après les catastrophes ;

- de formuler des recommandations, suggestions et conseils utiles sur toutes les questions relatives au bon fonctionnement de la Plateforme.

Elle est composée d'un Comité interministériel de Réduction des Risques de Catastrophes, des Comités régionaux de Réduction des Risques de Catastrophes, des Comités locaux de Réduction des Risques de Catastrophes (niveau Cercle), des Comités communaux de Réduction des Risques de Catastrophes.

Il avait été institué, en 2017, auprès du Premier ministre, un mécanisme national d'alerte précoce et de réponse aux risques sécuritaires (Décret n° 2017-0950/PM-RM du 27 novembre 2017, publié au JORM n° 50 du 15 décembre 2017, p. 1967).

Ce mécanisme était chargé de suivre l'évolution des questions concernant, entre autres, les menaces liées aux changements climatiques et aux catastrophes naturelles. Le décret qui l'institue a été abrogé en 2021 (Décret n° 2021-0175/PM-RM du 23 mars 2021 (JORM n° 09 du 26 mars 2021, p. 338).

L'Ordonnance n° 2020-008 du 10 mars 2020 (JORM n° 07 du 13 mars 2020, pp. 243-244) crée le Centre national pour la Coordination du Mécanisme d'Alerte précoce et de Réponse aux Risques (CNAP) avec la mission de suivre l'évolution des questions relatives aux menaces liées à l'hygiène publique, à l'assainissement, aux changements climatiques, aux catastrophes naturelles, aux ressources naturelles…

Il est rattaché à la Primature (Décret n° 2025-0069/PM-RM du 3 février 2025 publié au JORM n° 4 du 14 février 2025, pp. 145-155). Le décret n° 2020-0123/P-RM du 10 mars 2020 (JORM n° 07 du 13 mars 2020, pp. 256-259) fixe l'organisation et les modalités de son fonctionnement.

En matière d'OGM, le ministère chargé de l'Environnement doit mettre sur pied, entretenir et utiliser en cas de besoin, une stratégie de gestion de risques, en vue de protéger la santé humaine, la diversité biologique et l'environnement en général contre les accidents pouvant survenir dans l'ingénierie génétique, l'utilisation d'organismes génétiquement modifiés ou des produits des organismes génétiquement modifiés (art. 40 de la loi relative à la sécurité en biotechnologie en République du Mali).

Partie IV - LE CONTENTIEUX DE L'ENVIRONNEMENT

Constitué par l'ensemble des litiges qui nécessitent l'interprétation ou l'application des textes environnementaux, le contentieux de l'environnement met en exergue le rôle du juge dans la protection de l'environnement. En effet, pour assurer la préservation de notre milieu de vie contre les effets des activités anthropiques qui l'affectent, il faut que les lois environnementales soient respectées et appliquées. Pour favoriser leur application, le principe 10 de la Déclaration de Rio 1992 rappelle qu'« *un accès effectif à des actions judiciaires et administratives, notamment des réparations et des recours, doit être assuré* ». Le procès joue ainsi un rôle important dans la protection de l'environnement. Mais, « *Combien de fois a-t-on vu dans notre pays, de procès pénaux, civils ou administratifs, relatifs à des faits de violations des règles de protection de l'environnement mettant en cause un individu, un groupe d'individus ou une personne morale ?* ». Cette interrogation de Monsieur Nouhoum TAPILY, ancien Président de la Cour suprême, prononcée à l'occasion de la rentrée judiciaire 2014-2015[43], est un indicateur de ce que le contentieux de l'environnement n'est pas développé au Mali. L'ancien bâtonnier Seydou S. COULIBALY le confirme avec regret : « (…) *une si harmonieuse législation ne trouve presqu'aucune mise en œuvre réelle du point de vue contentieux* »[44]. Il est cependant soutenu ailleurs qu'« *en matière d'environnement, les progrès les plus marquants sont venus, ces dernières années, des juridictions*

---

[43] V. Bulletin d'information de la Cour suprême du Mali, n° 17, mars 2015, p. 10.
[44] *Ibid.*, p. 28.

nationales[45] (…) »[46]. C'est qu'au Mali, des efforts doivent être davantage faits pour rendre la norme environnementale effective.

La faible importance statistique de ce contentieux contraste avec l'accroissement du volume normatif et pose la question de la place du juge malien dans le combat de la protection de l'environnement. Il devient dès lors intéressant de réfléchir à comment favoriser la saisine du juge pour demander la cessation et la réparation des dommages environnementaux. Le Code pénal, le Code minier et les textes sectoriels existants sont des outils puissants à mobiliser par le juge poursuivant, au moins en ce qui concerne la dégradation de l'environnement du fait des unités industrielles d'exploitation minière.

Le juge intervient à la faveur du contentieux constitutionnel (chapitre 1), administratif (chapitre 2) ou judiciaire (chapitre 3).

---

[45] « Conseil constitutionnel, Cour de cassation, Conseil d'État : v. encore CE, ass., 10 juill. 2020, *Association Les amis de la Terre-France et a.*, n° 428409. »

[46] Loïc CADIET *in* Mathilde HAUTEREAU-BOUTONNET et Ève TRUILHÉ (dir.), *Le procès environnemental, du procès sur l'environnement au procès pour l'environnement*, Paris, Dalloz, p. 2.

CHAPITRE 1 - LE CONTENTIEUX CONSTITUTIONNEL

L'adoption de la Constitution du 22 juillet 2023 permet le développement d'un véritable contentieux constitutionnel de l'environnement. En effet, les dispositions de l'article 153 de cette Constitution admettent la mise en œuvre de la question prioritaire de constitutionnalité (QPC) encore appelée « exception d'inconstitutionnalité », c'est à dire une contestation de la loi applicable lors d'un procès devant une juridiction judiciaire ou administrative. L'alinéa premier de cet article est ainsi libellé : « *Lorsque, à l'occasion d'une instance en cours devant une juridiction, il est soutenu par un justiciable qu'une disposition législative porte atteinte aux droits et libertés garantis par la Constitution, la Cour constitutionnelle peut être saisie de cette question sur renvoi de la Cour suprême.* ». Il s'agit d'un mimétisme du droit français (art. 61-1 de la Constitution d'octobre 1958). Qu'importe ! Le droit constitutionnel malien se renforce. Désormais, n'importe quelle affaire environnementale est susceptible de donner lieu à une question préjudicielle de constitutionnalité.

Le contrôle de la constitutionnalité des lois conduit le juge constitutionnel à statuer sur la conformité de la loi à la Constitution. Ce contrôle, avant la Constitution du 22 juillet 2023, se faisait *a priori*, c'est-à-dire avant la promulgation de la loi. Mais, dans le souci de préserver les droits et libertés garantis par la Constitution, le constituant de 2023 a introduit, en plus du contrôle par voie d'action, le contrôle par voie d'exception, c'est-à-dire le contrôle après la promulgation de la loi. On parle de contrôle *a posteriori*.

La mise en œuvre de ce mécanisme nouveau de contrôle de constitutionnalité par la voie de l'exception nécessite une loi organique, afin d'en déterminer les conditions d'application. Le projet de cette loi organique a été adopté au Conseil des ministres du 24 juillet 2024[47]. Le Conseil national de Transition a voté la loi le 5 décembre 2024. En vue d'intégrer les observations de la Cour constitutionnelle[48], saisie par le Président de la Transition le 22 mai 2025, le CNT a relu le texte en août 2025.

Les conditions de mise en œuvre de ce mécanisme sont :

- la question doit être formulée dans une requête écrite, motivée, distincte de la requête introductive d'instance ;

- elle doit avoir un lien avec la résolution du litige ou la procédure, ou constituer le fondement des poursuites (la disposition contestée ne doit pas avoir été déclarée conforme à la Constitution dans les motifs et le dispositif d'une décision du juge constitutionnel) ;

- la question ne doit pas être dépourvue de caractère sérieux, c'est-à-dire que les moyens invoqués ne doivent pas être manifestement abusifs, ni fantaisistes, ni dilatoires.

En cas de réponse positive, la disposition ayant fait l'objet d'exception d'inconstitutionnalité est abrogée. La Cour constitutionnelle détermine les effets de cette abrogation par une décision motivée.

---

[47] Son article 4 précise les conditions de la mise en œuvre de l'exception d'inconstitutionnalité.

[48] Elle est soumise à la Cour constitutionnelle avant promulgation afin que celle-ci statue sur sa constitutionnalité, conformément aux dispositions de l'article 147 de la Constitution.

L'exception d'inconstitutionnalité est un instrument juridique pertinent dont les associations de protection de l'environnement peuvent se saisir. Il peut être donné l'exemple de l'association France Nature Environnement qui, entre 2008 et 2018, a été impliquée dans quinze (15) exceptions d'inconstitutionnalité, soit en tant que demanderesse, soit en tant que tierce intervenante (v. RJE spécial 2019, pp. 27 et s).

Il y a lieu de rappeler que seuls les « droits et libertés garantis par la Constitution » peuvent susciter une exception d'inconstitutionnalité. Parmi ceux-ci, il faut citer le droit à un environnement sain.

Quant au contrôle *a priori* de la constitutionnalité des lois relatives à l'environnement, il est ouvert au Président de la République, au Président de l'Assemblée nationale ou un dixième (1/10) des Députés, au Président du Sénat ou un dixième (1/10) des Sénateurs (art. 147 al. 3 de la constitution).

Chapitre 2 - LE CONTENTIEUX ADMINISTRATIF

Les autorités administratives, étatiques et décentralisées, mettent en œuvre la politique de l'environnement du pays. Elles prennent à cet égard des décisions, engagent des actions et assurent le contrôle des activités des personnes physiques et morales. C'est dans ce cadre diversifié de l'intervention publique que s'inscrit le contentieux administratif de l'environnement. Celui-ci peut porter sur les décisions prises par les autorités administratives (A) ou sur un éventuel engagement de la responsabilité au regard de ces mêmes décisions (B).

A - Le contentieux de la légalité

Toute décision de l'Administration faisant grief à un usager peut faire l'objet de contestation par celui-ci devant le juge administratif (v. Loi n° 98-012 du 19 janvier 1998 régissant les relations entre l'Administration et les usagers des services publics et son décret d'application). Le contentieux de la légalité doit donc être apprécié en fonction des actes posés.

Le juge administratif intervient soit pour annuler une décision administrative jugée non conforme au droit de l'environnement, soit pour empêcher, par un sursis à exécution, la réalisation d'un projet jugé menaçant pour l'environnement. Le recours est porté soit devant le Tribunal administratif, lorsqu'il est dirigé contre les décisions des autorités administratives régionales, locales ou communales (art. 42 de la Loi n° 2024-030 du 13 décembre 2024 *portant organisation judiciaire en République du Mali*, publiée au JORM n° 29 du 20 décembre 2024, p. 1165) soit devant la Section administrative de la Cour suprême, s'il s'exerce contre les décrets, arrêtés ministériels ou interministériels et les actes des autorités administratives nationales ou indépendantes (art. 111 de la Loi n° 2016-046 du 23 septembre 2016, modifiée, *portant loi organique fixant l'organisation, les règles de fonctionnement de la Cour suprême et la procédure suivie devant elle*, publiée au JORM n° 42 du 14 octobre 2016, p. 1642).

De nombreuses décisions des autorités administratives sont ainsi soumises aux règles du recours pour excès de pouvoir en vue de leur annulation. Les conditions de ce recours doivent être réunies pour qu'il soit reçu. C'est-à-dire que le requérant (personne physique ou morale) doit d'abord établir l'intérêt à agir contre la décision dont il demande l'annulation. Il doit ensuite établir que les conditions justifiant l'annulation de l'acte sont réunies. La jurisprudence de la Cour suprême, faisant application des dispositions de l'article 42 *quater* (nouveau) du Code domanial et foncier, rappelle par exemple que tout citoyen ou toute association dont l'objectif est la sauvegarde de l'environnement peut rechercher l'annulation de toute attribution de titre foncier dans le domaine public de l'État sans déclassement, qualifiée de voie de fait (CSM, Civ. 2e, 13 juillet 2015, arrêt n° 158 ; CSM, adm. 7 août 2014, n° 221, CSM, adm., 22 août 2013, arrêt n° 250).

B - Le contentieux de la responsabilité

L'État a le devoir de protéger l'environnement (art. 25 de la Constitution du 22 juillet 2023) et ses défaillances dans l'accomplissement de ce devoir peuvent susciter la saisine du juge administratif. Il s'agit donc, ici, non pas d'apprécier la légalité d'un acte administratif, comme dans le cas du contentieux précédent, mais de faire un procès à une personne morale de droit public ou même à une personne privée investie de prérogatives de puissance publique, en vue d'engager sa responsabilité et d'obtenir éventuellement une réparation. Plusieurs domaines caractérisent le développement du contentieux de la responsabilité.

- ✓ *Le domaine des décisions administratives* : Il peut arriver que l'Administration de l'environnement délivre un permis environnemental en violation de la réglementation ou s'abstienne de faire respecter une réglementation existante comme le défaut de faire réaliser une étude d'impact environnemental. Il est aussi possible qu'elle refuse de délivrer une autorisation d'exploitation d'une installation classée assortie de prescriptions suffisantes ou de prendre des mesures adaptées pour prévenir les conséquences d'une pollution. Chacun de ces comportements peut engager sa responsabilité.
- ✓ *Le domaine des interventions opérationnelles* : L'Administration (étatique ou décentralisée) réalise des entretiens ou des aménagements qui peuvent entraîner des dommages aux tiers ou à l'environnement.
- ✓ *La gestion du domaine public* : L'État et les Collectivités territoriales sont responsables du défaut d'entretien de leurs domaines respectifs. Ce défaut d'entretien est susceptible de causer des dommages à l'environnement et aux citoyens, notamment des problèmes de santé.

Dans tous ces cas, le juge administratif est ouvert aux recours des citoyens, car pour ces derniers, il s'agit d'une façon d'exercer leur devoir de protéger l'environnement imposé par l'art. 25 de la Constitution. Ce devoir constitutionnel donne aux citoyens et aux associations de défense de l'environnement la qualité pour agir devant la justice pour faire valoir leur droit à un environnement sain et durable (art. 22 de la Constitution). Le développement du contentieux environnemental dans certains pays, comme la France, repose d'ailleurs essentiellement sur les associations. Il est possible d'évoquer, ici, entre autres, « l'Affaire du siècle » qui a permis au Tribunal administratif de Paris de reconnaître la carence partielle de l'État français à respecter les objectifs qu'il s'est fixés en matière de réduction des émissions de gaz à effet de serre.

Ce sont les mêmes quatre associations intervenant dans l'affaire *Grande-Synthe* (CE 19 nov. 2020, n° 427301) qui sont également à l'origine de ce qui est dénommé « l'Affaire du siècle ». Il s'agit de l'association Oxfam France, l'association Notre Affaire À Tous, la Fondation pour la Nature et l'Homme et l'association Greenpeace France. Le Tribunal administratif de Paris a, le 3 février 2021, condamné l'État français à verser aux quatre associations la somme d'un euro chacune en réparation de leur préjudice moral né de sa carence en matière de lutte contre les changements climatiques. Quelques mois plus tard, soit le 14 octobre 2021, il enjoignait au Premier ministre et aux ministres compétents de prendre, au 31 décembre 2022, toutes les mesures utiles de nature à réparer le préjudice écologique et prévenir l'aggravation des dommages à hauteur de la part non compensée d'émissions de gaz à effet de serre.

Saisi plus tard en exécution du jugement du 14 octobre 2021, le Tribunal administratif de Paris a refusé de faire droit aux demandes d'exécution supplémentaires et d'astreintes sollicitées par les associations, constatant que des mesures avaient été prises par l'État depuis octobre 2021 et que le dépassement du budget carbone était presque complètement compensé au 31 décembre 2022 (TA Paris, 22 déc. 2023, *Oxfam France, Notre Affaire à Tous, Greenpeace France*, n° 23211828/4-1). Par un pourvoi sommaire, un mémoire complémentaire et un nouveau mémoire des 22 février, 21 mai et 25 octobre 2024, les associations demandent au Conseil d'État d'annuler le jugement du 22 décembre 2023 du Tribunal administratif de Paris et de faire droit à leurs demandes tendant à l'exécution du jugement du 14 octobre 2021. En réponse aux associations, le Conseil d'État a attribué l'affaire à la Cour administrative d'appel de Paris (CE 13 déc. 2024, n° 492030).

Les conditions de la responsabilité doivent donc être réunies : une faute, un dommage et le lien de causalité. L'une des implications de la responsabilité de l'Administration est l'indemnisation. Le préjudice doit être réparé intégralement, mais sans exagération. L'autre implication est la remise en l'état des lieux dégradés. Mais, comme l'indique l'article 1249 du code civil français, la réparation du préjudice écologique s'effectue par priorité en nature. En cas d'impossibilité de droit ou de fait ou d'insuffisance des mesures de réparation, le juge condamne le responsable à verser des dommages et intérêts, affectés à la réparation de l'environnement, au demandeur ou, si celui-ci ne peut prendre les mesures utiles à cette fin, à l'État.

Il peut y avoir également des implications politiques, notamment l'éviction du responsable administratif (ministre, préfet, sous-préfet, maire, etc.) à l'origine de la décision qui a engendré la responsabilité de l'État ou de la Commune.

CHAPITRE 3 - LE CONTENTIEUX JUDICIAIRE

L'objet de ce chapitre est de démontrer que, comme pour les autres disciplines juridiques, l'effectivité du droit de l'environnement repose, en partie, sur l'organisation du système répressif et de réparation. L'enjeu de cette démonstration est de mettre en évidence le fait qu'à l'instar du juge administratif, le juge judiciaire a, tant sur le plan civil (B) que sur le plan répressif (A), un rôle important à jouer dans l'application des textes environnementaux.

A - Le contentieux répressif

Il s'agit de l'ensemble des contestations soulevées à l'occasion de la « (…) *dégradation par l'homme du milieu physique ou biologique dans lequel il vit* » et qui nécessitent l'application du droit pénal. La Loi n° 2024-027 du 13 décembre 2024 portant Code pénal prévoit de nombreuses infractions relatives au droit de l'environnement. Elle reprend l'essentiel des incriminations des textes sectoriels. Il s'agit, entre autres, d'incriminations concernant :

1- les pollutions et les nuisances (art. 531-1 à 531-41 et art. 532-1 à 532-11);

2- la production, l'importation et la commercialisation des sachets plastiques non biodégradables en République du Mali (art. 531-42 et 532-12) ;

3- les forêts et la faune (art. 541-1 à 544-4);

4- la pêche et l'aquaculture (art. 510-1 à 510-20) ;

5- les activités pastorales (art. 511-1 et 511-2).

Entièrement reverdi, le nouveau Code pénal a le mérite de regrouper en un texte unique l'essentiel de ces différentes incriminations.

L'art. 42 de la Loi n° 2024-028 du 13 décembre 2024 portant Code de procédure pénale (JORM spécial n° 22 du 13 décembre 2024) fixe le cadre général de la constatation des infractions environnementales : Les ingénieurs, fonctionnaires et agents assermentés des Eaux et Forêts, de l'Urbanisme, de la Pêche, de l'Aquaculture, du Pastoralisme, de l'Hygiène et de l'Assainissement recherchent et constatent par procès-verbaux les infractions de leur compétence conformément aux textes qui les régissent. Le même Code permet à toute association ou organisation régulièrement agréée depuis au moins cinq ans qui, par ses statuts, se propose de lutter contre les atteintes faites aux animaux et à l'environnement, de mettre en mouvement l'action publique en exerçant, notamment, les droits reconnus à la partie civile (art. 177 et s.).

En matière de pollutions et de nuisances, les agents assermentés de la DNACPN et les Maires des Communes ou du District de Bamako recherchent et constatent par procès-verbaux les infractions aux dispositions de la loi (art. 49 nouveau de la loi sur les pollutions et les nuisances). Ils peuvent solliciter, en cas de besoin, le concours des Officiers et des agents de Police judiciaire, des agents de la Garde nationale et des Eaux et Forêts (art. 50 nouveau).

Le droit de l'eau invite « (…) *les fonctionnaires de l'administration chargée de l'eau, de la santé publique et de l'environnement ainsi que les agents des administrations régionales, de cercles et de communes compétents sur leur territoire respectif, dûment mandatés* (…) *à faire des constats en cas d'infraction au Code de l'eau* » (art. 71 de la Loi n° 02-006 du 31 janvier 2002 *portant Code de l'eau*, publiée au JORM n° 04 du 10 février 2002, p. 124).

Dans le domaine de la chasse et de la pêche, « *Les ingénieurs et agents assermentés des eaux et forêts recherchent et constatent par procès-verbaux les infractions à la réglementation des eaux et forêts, la chasse et la pêche* » (art. 42 du Code de procédure pénale ; 113 de la Loi n° 95-031 du 20 mars 1995 *fixant les conditions de gestion de la faune sauvage et de son habitat*).

Le droit relatif à la biosécurité considère comme infractions l'importation, l'exportation, le transit, la dissémination et/ou la libération, la commercialisation, la mise sur le marché, l'utilisation dans un milieu confiné d'un quelconque organisme génétiquement modifié (OGM) ou d'un produit dérivé d'un organisme génétiquement modifié sans une autorisation préalable écrite de l'Autorité nationale compétente[49] (art. 67 de la Loi n° 08-042 du 1er décembre 2008 *relative à la sécurité en biotechnologie en République du Mali,* publiée au JORM, n° 01 du 2 janvier 2009, pp. 3-23). Les dommages causés par ledit organisme génétiquement modifié ou produit dérivé d'un organisme génétiquement modifié doivent être entièrement réparés. Des peines d'emprisonnement, des amendes et des interdictions sont prévues.

En matière de bien-être animal, « *Les vétérinaires et ingénieurs d'élevage, les techniciens d'élevage, les agents techniques d'élevage assermentés de la Direction nationale des Services vétérinaires, les officiers et agents de police judiciaire ont qualité pour rechercher et constater par procès-verbaux les Infractions.* » (art. 23 de la Loi n° 2012-014 du 24 février 2012 *relative au bien-être animal* publiée au JORM n° 09 du 2 mars 2012, p. 324).

Dans le domaine des installations classées, des poursuites pénales peuvent être exercées lorsqu'il est constaté l'inobservation des conditions imposées à l'exploitant d'une installation classée (art. 23 de la Loi n°

---

[49] L'Autorité nationale compétente est le ministère chargé de l'Environnement.

08-033 du 11 août 2008 *relative aux installations classées pour la protection de l'environnement*).

Le procès-verbal constitue l'élément déterminant de l'engagement de la procédure. Il s'agit d'un document dressé par les agents assermentés de l'administration de l'environnement ou par les officiers de police judiciaire (fonctionnaires de police ou de gendarmerie) pour consigner les constatations constituant une violation des normes législatives, réglementaires ou techniques et susceptibles de faire l'objet de poursuites judiciaires.

Les procès-verbaux dressés par les agents assermentés de l'administration de l'environnement sont adressés aux chefs hiérarchiques qui les transmettent au procureur de la République ou à l'autorité judiciaire compétente. Ceux dressés par les officiers de police judiciaire sont transmis au procureur de la République ou à l'autorité judiciaire compétente ; une copie est adressée au chef du service de l'administration concernée.

Les poursuites peuvent être engagées par le procureur de la République et par toute personne physique ou morale (publique ou privée)[50].

L'infraction doit être établie. Les procès-verbaux, des analyses ou des expertises pourront le démontrer.

La transaction, qui était autorisée jusque-là, a été supprimée par les Ordonnances n° 2025-017 du 1er avril 2025 portant modification de la Loi n° 10-028 du 12 juillet 2010 *déterminant les principes de gestion des ressources du domaine forestier national* (JORM n° 11 du 4 avril 2025, p. 419) et n° 2025-018 du 1er avril 2025 *portant modification de la Loi n° 2021-032 du 24 mai 2021 relative*

---

[50] V. les dispositions des articles 8 et suivants du Code procédure pénale (Loi n° 2024-028 du 13 décembre 2024).

aux pollutions et aux nuisances (JORM n° 11 du 4 avril 2025, p. 425)[51]. Elle était prévue par de nombreux textes sectoriels. Elle est définie par le Code civil français comme toute « convention par laquelle les parties, au moyen de concessions réciproques, terminent une contestation née ou préviennent une contestation à naître ». Cette option éteignait l'action publique mais ne préjugeait pas d'une action civile.

---

[51] Articles 108 (nouveau) de l'Ordonnance n° 2025-017 du 1er avril 2025 portant modification de la Loi n° 10-028 du 12 juillet 2010 *déterminant les principes de gestion des ressources du domaine forestier national* et 68 (nouveau) de l'Ordonnance n° 2025-018 du 1er avril 2025 *portant modification de la Loi n° 2021-032 du 24 mai 2021 relative aux pollutions et aux nuisances* : « *En cas d'infractions aux dispositions de la présente Loi, de manquements à la législation ou de toute autre atteinte à l'Environnement, aucune transaction n'est admise.*
L'inobservation de l'alinéa ci-dessus expose les agents de l'administration aux sanctions prévues par les lois et règlements en vigueur. ».
Il est important de préciser que la Loi n° 2014-062 du 29 décembre 2014 *déterminant les principes et les conditions de gestion de la pêche et de l'aquaculture*, n'est ni abrogée ni modifiée or, elle prévoit la transaction. V. son art. 160 qui dispose : « *Les agents assermentés du service chargé de la pêche et de l'aquaculture de l'État et des collectivités, les chefs de service chargé de la pêche et de l'aquaculture dans les domaines de l'État et des collectivités territoriales sont habilités à transiger sur les infractions aux dispositions de la présente loi :*
- avant jugement, la transaction éteint l'action publique.
- après jugement, la transaction n'a d'effet que sur la réparation civile. ».

OBSERVATION

À la suite des drames humains et environnementaux (mort et blessure de plusieurs dizaines de personnes, dégradation du couvert végétal, perte de la biodiversité et contamination des sols) survenus sur les sites d'orpaillage à Kokoyo (Cercle de Kangaba), le 19 janvier 2025, et à Bilalikoto (Cercle de Keniéba), le 15 février 2025, ayant conduit à l'abrogation des actes de nomination des responsables administratifs directement impliqués dans la survenance desdits incidents, le Gouvernement a décidé, lors du Conseil des ministres du mercredi 5 mars 2025, de relire la Loi n° 10-028 du 12 juillet 2010 *déterminant les principes de gestion des ressources du domaine forestier national* et la Loi n° 2021-032 du 24 mai *2021 relative aux pollutions et aux nuisances* en vue, entre autres, de mettre fin à la transaction « dans le domaine environnemental » (v. communiqué du Conseil des ministres du 12 mars 2025).

Il a été, en effet, constaté « l'existence d'une forme de criminalité environnementale caractérisée par une exploitation illégale des substances minérales à l'aide d'engins lourds, un déboisement intensif, une érosion de la biodiversité et une destruction des habitats naturels de plusieurs espèces animales et végétales ». La relecture des deux textes permet, selon le Gouvernement, de corriger plusieurs insuffisances, notamment la mauvaise organisation autour de la répartition et de la gestion du produit de la transaction qui est le plus souvent opérée au détriment des intérêts de l'État et de l'environnement (v. Décret n° 86-045/PG-RM du 24 février 1986 portant répartition des produits de transaction, confiscations, amendes, dommages- intérêts, contraintes et saisies en matière forestière et son arrêté d'application n° 86-6357/MCRNE du 17 juillet 1986).

Cette suppression de la transaction est dénoncée par le syndicat national des forestiers du Mali qui estime que celle-ci affaiblit considérablement le pouvoir décisionnel des cadres des Eaux et Forêts.

Il n'est pas inutile de préciser que le Conseil des ministres du 12 mars 2025 n'a pas fait allusion à la Loi n° 2014-062 du 29 décembre 2014 *déterminant les principes et les conditions de gestion de la pêche et de l'aquaculture* (JORM, n° 01 du 2 janvier 2015, pp. 04-20) ni à la Loi n° 2018-036 du 27 juin 2018 *fixant les principes de gestion de la faune et de son habitat* (JORM n° 31 du 24 août 2018, p. 1222) qui prévoient toujours la transaction (articles 160 et 161 de la première loi et 269 et s. pour la seconde).

Lorsqu'intervient la poursuite pénale, le juge peut prononcer diverses sanctions : prison avec ou sans sursis, amende, interdiction, réparation ou remise en état des lieux (v. Code pénal et différents textes sectoriels). Notons que la protection de l'environnement est d'utilité publique donc d'intérêt général (art. 1233 du Code de procédure pénale). C'est ainsi que, par exemple, le droit brésilien donne la possibilité au juge de condamner l'auteur d'une infraction à l'environnement à suivre des cours sur l'écologie, la faune, la flore et le droit de l'environnement et à payer la publication de brochures éducatives sur l'environnement pour les distribuer au grand public, dans les écoles et dans les entreprises.

B - Le contentieux civil

Il est fait allusion ici à l'application, au domaine particulier de l'environnement, des règles et mécanismes classiques du contentieux civil. Ainsi, toute personne (physique ou morale), victime d'un dommage environnemental, peut en demander la réparation par une requête adressée au juge civil[52]. Cette action peut aussi être liée à l'action pénale. Cela reste toujours possible rien que sur le fondement du devoir général imposé à tous de ne pas causer à autrui un dommage (art. 125 de la Loi n° 87-031 du 29 août 1987 portant régime général des Obligations au Mali). C'est le cas, le plus souvent des troubles (anormaux) de voisinage, notamment par l'application des règles sur les pollutions et les nuisances ou sur les installations classées[53]. La sanction consiste à faire cesser le trouble, en la remise en l'état de l'environnement, si possible, et à verser des dommages et intérêts à la victime, même si la cessation du trouble ne profite pas seulement à l'individu qui a porté plainte.

La procédure de référé est un moyen efficace de protection de l'environnement. Le Code de procédure civile, commerciale et sociale prévoit que le président du tribunal peut toujours, même en présence d'une contestation sérieuse, prescrire en référé les mesures conservatoires ou de remise en état qui s'imposent, soit pour prévenir un dommage imminent, soit pour faire cesser

[52] Les tribunaux d'instance et de grande instance sont les juges de droit commun du contentieux civil de l'environnement en premier ressort. Leurs décisions sont susceptibles de recours devant la chambre civile de la Cour d'appel. La Cour suprême est le juge de cassation des décisions rendues par la Cour d'appel et de celles rendues en dernier ressort par les tribunaux.

[53] Art. 1253 du Code civil français tel qu'issu de la Loi n° 2024-346 du 15 avril 2024 visant à adapter le droit de la responsabilité civile aux enjeux actuels : « *Le propriétaire, le locataire, l'occupant sans titre, le bénéficiaire d'un titre ayant pour objet principal de l'autoriser à occuper ou à exploiter un fonds, le maître d'ouvrage ou celui qui en exerce les pouvoirs qui est à l'origine d'un trouble excédant les inconvénients normaux de voisinage est responsable de plein droit du dommage qui en résulte* (…) ».

un trouble manifestement illicite (art. 491). À titre illustratif, dans une affaire relative aux troubles de voisinage jugée par le TGI (anciennement TPI) de la Commune VI du District de Bamako en 2010, où le demandeur expose que « (…) *depuis dix (10) ans les eaux usées de la fosse septique de Monsieur* (…) *inondent la rue face à sa porte, que cette pollution volontaire crée un afflux de mouches et de moustiques sans oublier les odeurs insupportables qui s'y dégagent, que quelques fois c'est un troupeau de moutons qui y séjournent rendant l'odeur pestilentielle, que tout a été tenté à l'amiable auprès du défendeur en vain, que même l'intervention des agents de la mairie de la commune VI n'y a rien changé* », le juge a ordonné de mettre fin immédiatement aux troubles de voisinage causés au demandeur (TPI. CVI, 6 avril 2010, Ord. n° 154). Parce que lié par l'objet du litige, celui-ci ne s'est pas attardé sur les conséquences de ces troubles sur l'environnement (v. aussi CSM, Civ. 1re, 6 avril 1998, arrêt n°64). Il est d'ailleurs fréquent de rencontrer des décisions de justice dans lesquelles des atteintes à l'environnement auraient pu être évoquées soit par les parties soit par le magistrat exerçant l'action publique (v. JPCE Kadiolo, jugt n° 52 du 26 mai 2015 ; JPCE Nioro du Sahel, jugt n° 86 du 20 octobre 2009, etc.).

En ce qui concerne le dommage écologique pur, comme le fait remarquer Sandrine MALJEAN- DUBOIS, les conditions de recevabilité peuvent être difficiles à réunir à partir du moment où l'intérêt lésé est plus collectif qu'individuel. Il revient, dans ce cas, à l'État de demander la réparation. C'est ce qu'ont fait les États-Unis dans l'affaire de la Fonderie de Trail qui les a opposés au Canada devant le Tribunal arbitral en 1941 (T. arb., 11 mars 1941, Fonderie de Trail, *États-Unis c/ Canada*). Ce qui signifie que le contentieux de l'environnement peut être transfrontalier et dépasser le cadre national.

De quoi s'agit-il ? Une fonderie a été installée en 1896 en Colombie, près de la ville de Trail. L'exercice de l'activité de cette fonderie, contrôlée par une entreprise canadienne, a occasionné le rejet de grandes quantités de souffre dans l'air, causant d'importants dommages aux terres agricoles situées dans l'État de Washington. Les agriculteurs américains ont obtenu devant les juridictions de leur pays le versement d'indemnités par l'entreprise canadienne. Mais, compte tenu de l'importance des dommages et de la modicité de l'indemnisation, le Gouvernement américain a saisi le Tribunal arbitral en vue de la signature d'un compromis.

L'action civile peut donc être fondée sur la responsabilité pour faute, la méconnaissance d'un engagement contractuel, les troubles anormaux de voisinage, entre autres.

CONCLUSION

Il faut se réjouir aujourd'hui du chemin accompli, au Mali, dans la mise en place d'un cadre juridique et institutionnel pertinent de protection de l'environnement. L'impressionnant dispositif mis en place, et qui se renforce chaque jour un peu plus, permet de témoigner de la réalité d'un droit qui prend progressivement place dans les programmes d'enseignement.

Le travail n'est cependant pas terminé : l'émergence de la jurisprudence environnementale reste un défi puis que, comme chacun le sait, un droit qui n'est pas effectif n'est droit que dans les mots. Il faut néanmoins être conscient des difficultés jonchées sur le chemin de l'application de ce droit au Mali : l'extrême pauvreté de la majorité des populations, leur très grande dépendance des ressources naturelles dont la surexploitation constitue une conséquence directe, la représentation culturelle de celles-ci, la formation encore rudimentaire du magistrat poursuivant en droit de l'environnement sont, sans conteste, des écueils à surmonter.

Si les obstacles à l'ouverture de procès environnementaux sont réels, certains d'entre eux peuvent être surmontés et il faut d'ailleurs noter que toutes les potentialités n'ont pas été exploitées. Par exemple, la dégradation de l'environnement et les atteintes au droit à l'environnement du fait des unités industrielles d'exploitation minière sont des terrains privilégiés d'intervention des associations de défense de l'environnement, des citoyens et du magistrat poursuivant. Le juge ne jouera pleinement son rôle en matière de protection de l'environnement que s'il est saisi. C'est à cette condition que sera bâtie une jurisprudence protectrice d'un droit fondamental, celui de vivre dans un environnement sain.

Conclusion

BIBLIOGRAPHIE INDICATIVE

I- OUVRAGES

✓ Abdoulaye ABOUBACRINE, *Droit international de l'environnement et droit malien, pour un droit africain harmonisé de l'environnement*, Paris, L'Harmattan, 2023.

✓ Alpha Aly MAÏGA, *Contribution à l'analyse du service des Eaux et Forêts et de la gestion des Ressources naturelles de 1935 à 2015*, Bamako, RAME Impression, 2e édition, 2020.

✓ Catherine ROCHE, *L'essentiel du droit de l'environnement*, Paris, Galiano, 12è éd., 2022.

✓ Daouda TÉKÉTÉ, *Genèse de l'Alliance des États du Sahel, héritages de Modibo KEÏTA, de Bakary DJIBO et de Thomas SANKARA (AES)*, Bamako, L'Harmattan Mali, 2025.

✓ Diakalia Siaka SIDIBÉ, *Droit de la biodiversité au Mali*, Bamako, L'Harmattan Mali, 2025.

✓ Éric NAIM-GESBERT, *Droit général de l'environnement : Introduction au droit de l'environnement*, Paris, LexisNexis, 4e éd., 2024.

✓ Jacqueline MORAND-DEVILLER, *Le droit de l'environnement*, Paris, PUF, 13è éd., Collection « Que sais-je ? », n° 2334, 2023.

✓ Manuel GROS, *Leçons de droit de l'environnement,* Paris, ELLIPSES, 2013.

✓ Mathilde HAUTEREAU-BOUTONNET et Ève TRUILHÉ (dir.), *Le procès environnemental, du procès sur l'environnement au procès pour l'environnement*, Paris, Dalloz, 2021.

✓ Maurice KAMTO, *Droit de l'environnement en Afrique*, Vanves, Edicef, Coll. Universités Francophones, 1996.

✓ Michel PRIEUR (avec la collaboration de Julien BETAILLE, Marie-Pierre CAMPROUX DUFFRENE, Hubert DELZANGLES, Véronique JAWORSKI, Simon JOLIVET, Grégoire LERAY, Jessica MAKOWIAK), *Droit de l'environnement*, Paris, Dalloz, 9ᵉ éd., 2023.

✓ Michel PRIEUR, *Droit de l'environnement, droit durable,* Bruxelles, Bruylant, 2014.

II- TRAVAUX ET RAPPORTS

✓ Abdoulaye ABOUBACRINE, *L'influence du droit international de l'environnement sur le droit malien : une contribution à l'émergence d'un droit africain harmonisé de l'environnement*, thèse, droit, Université de Limoges, 2021.

✓ Mahmoud Mohamed ARBY, *La protection juridique des écosystèmes en Afrique de l'Ouest : Le cas du delta intérieur du Niger au Mali*, thèse, droit, Institut de Pédagogie Universitaire de Bamako, 2022.

✓ Abdramane CISSÉ, *Droit et pastoralisme au Sahel : normes coutumières et évolutions récentes*, thèse, droit, Institut de Pédagogie Universitaire de Bamako, 2022.

✓ Amadou Baba DIARRA, *L'effectivité de la législation forestière au Mali*, thèse, droit, Université des Sciences Juridiques et Politiques de Bamako, 2018.

✓ Mamadou DOUMBIA, *Le régime juridique de gestion des déchets ménagers dans le District de Bamako*, thèse, droit, Institut de Pédagogie Universitaire de Bamako, 2023.
✓ Adama Ladji SIDIBE, *Droit et responsabilité administrative des collectivités territoriales dans la gestion des ressources naturelles au Mali*, thèse, droit, Institut de Pédagogie Universitaire de Bamako, 2022.

✓ Diakalia Siaka SIDIBÉ, *La protection juridique de la biodiversité au Mali : cas de la faune et de la flore*, thèse, droit, Université Gaston Berger de Saint Louis, 2018.

✓ Oumar SIDIBÉ, *Régression des parcs à karité dans les communes rurales de Binko, de Guégnéka et de Kerela au Mali*, thèse, géographie, Institut de pédagogie universitaire, 2022.

✓ Ibrahima LY, *Problématique du droit de l'environnement dans le processus de développement économique et social d'un pays africain : l'exemple du Sénégal*, thèse, droit, Université Cheick Anta Diop de Dakar, 1994.

✓ Mamadou MOUNKORO, *Le droit pénal de l'environnement au Mali*, thèse, droit, Université Gaston Berger de Saint-Louis, 2016.

✓ Soumaïla Mamadou TOGO, *Contraintes et perspectives de la gestion locale des ressources naturelles dans la vallée du Sourou au Mali*, thèse, droit, Institut de Pédagogie Universitaire de Bamako, 2023.

✓ Moussa Etienne TOURÉ, *Mise en œuvre des textes internationaux au Mali : cas de la Convention-cadre des Nations Unies sur les changements climatiques et du Protocole de Kyoto*, thèse, droit, Université Cheick Anta Diop de Dakar, 2017.

✓ Olivier BARRIERE, *Gestion des ressources naturelles renouvelables et conservation des écosystèmes au Sahel* : le foncier-environnement, thèse, droit, Université de Paris 1, 1996.

✓ Yamadou CAMARA *L'effectivité des conventions internationales de protection de l'environnement au Mali, : cas de la lutte contre la désertification*, thèse, droit, Université des Sciences Juridiques et Politiques de Bamako, 2017.

✓ Lasséni TRAORÉ, *Le droit de l'environnement et la protection des victimes du changement climatique au Mali*, thèse, droit, Institut de pédagogie universitaire, 2022.

✓ Ministère de l'Environnement, de l'Assainissement et du Développement durable, *Document de Politique Nationale de Protection de l'Environnement* adopté par le Conseil des ministres du 13 novembre 2019.

✓ Ministère de l'Environnement, Secrétariat Technique Permanent du PNAE-CID, *Politique nationale de protection de l'environnement*, Volume II, PNAE/PAN-CID, juin1998.

✓ Ministère de l'Équipement, de l'Aménagement du territoire, de l'Environnement, et de l'Urbanisme, PNUD, FEM, 2001, *Stratégie nationale en matière de diversité biologique*, Tome I, 122 p.

✓ Ministère de l'Équipement, de l'Aménagement du territoire, de l'Environnement et de l'Habitat, Secrétariat Technique Permanent du cadre institutionnel de gestion des questions environnementales, *l'analyse des politiques et stratégies de développement en rapport avec la politique nationale de protection de l'environnement : prise en charge des questions environnementales dans les politiques et stratégies de développement au mali, janvier 2002.*

✓ Ministère de l'Environnement et de l'Assainissement, Secrétariat Technique Permanent du Cadre Institutionnel de la Gestion des Questions Environnementales, *Plan de renforcement des capacités du Mali pour gérer l'environnement aux niveaux mondial et national*, Rapport final, décembre 2007.
✓ Ministère de l'Environnement et de l'Assainissement, *Rapport national sur l'état de l'environnement au Mali* (2005), mars 2006.
✓ Ministère de l'Environnement et de l'Assainissement, *Rapport national sur l'état de l'environnement au Mali* 2007.
✓ Ministère de l'Environnement et de l'Assainissement, *Rapport national sur l'état de l'environnement au Mali* 2009.
✓ Ministère de l'Environnement et de l'Assainissement, Agence Nationale de l'Environnement et du Développement Durable, *Rapport national sur l'état de l'environnement au Mali* 2011.
✓ Ministère de l'Environnement, de l'Assainissement et du Développement durable, Agence Nationale de l'Environnement et du Développement Durable, *Rapport national sur l'état de l'environnement au Mali* 2014.
✓ Ministère de l'Environnement, de l'Assainissement et du Développement durable, Agence Nationale de l'Environnement et du Développement Durable, *Rapport national sur l'état de l'environnement au Mali* 2017.
✓ Ministère de l'Environnement, de l'Assainissement et du Développement durable, Agence Nationale de l'Environnement et du Développement Durable, *Rapport national sur l'état de l'environnement au Mali* 2020.
✓ Direction Nationale des Eaux et Forêts, *Rapport annuel 2017*, janvier 2018.
✓ Direction Nationale de l'Assainissement et du Contrôle des pollutions et des nuisances, Rapport annuel 2018.

✓ Observatoire national des emplois et métiers de l'économie verte, Commissariat général au développement durable, *Rapport d'activité 2016,* France.
✓ Centre de suivi écologique, *Rapport 2015 sur l'état de l'environnement au Sénégal*.
✓ Programme des Nations Unies pour le Développement, *Rapport mondial sur le développement humain*, 2014, 259 p.
✓ Observation et des Statistiques du ministère de l'Écologie, du Développement durable et de l'Energie, *Rapport 2014 sur l'environnement en France*.
✓ Ministère malien de l'Action humanitaire, de la Solidarité et des Personnes âgées, Rapport sur les *impacts de la crise socio-économique et politique 2012 sur les Objectifs du millénaire pour le Développement au Mali*, publié en mars 2013 avec l'appui de ONU Femmes et le PNUD.
✓ *Rapport national sur le développement durable au Mali dans la perspective de Rio+20,* Agence de l'Environnement et du Développement Durable, juin 2012.

✓ Jean-Jacques GUILLET, Rapport d'information n° 1669, sur « *L'environnement, nouveau champ d'action de la diplomatie française* », AN, Commission des affaires étrangères, 13 mai 2009.

✓ Secrétariat technique permanent du cadre institutionnel de la gestion des questions environnementales, *Rapport* 2007.
✓ *Rapport des Nations Unies sur la gestion de l'environnement pour un développement humain durable au Mali*, décembre 2005, 190 p.
✓ Ministère de l'Environnement et de la Protection de la nature, *Rapport 2005 sur l'état de l'environnement au Sénégal*.

✓ *Rapport du Sommet mondial pour le développement durable*, Johannesburg (Afrique du Sud), 26 août - 4 septembre 2002, 189 p.
✓ Conseil national pour la gestion de l'environnement, *Rapport 2002 sur l'état de l'environnement au Burkina Faso.*

III- Textes nationaux sur l'environnement

1 – Constitutions et autres actes fondamentaux

✓ Constitution du 22 juillet 2023, adoptée au référendum du 18 juin 2023, promulguée par le Décret n° 2023-0401/PT-RM du 22 juillet 2023, publiée au JORM spécial n° 13 du 22 juillet 2023.

✓ Constitution du 25 février 1992 adoptée au référendum du 12 janvier 1992, promulguée par le Décret n° 92-073/P-CTSP du 25 février 1992, publiée au JORM n° 4 du 29 février 1992, pp. 117-126.

✓ Charte de la Transition, modifiée, adoptée le 12 septembre 2020 par les Forces vives de la Nation, publiée au JORM spécial n° 17 du 1er octobre 2020, promulguée par le Décret n° 2020-0072/PT-RM du 1er octobre 2020.

✓ Constitution du 1er juillet 1974 adoptée au référendum du 2 juin 1974, promulguée par le Décret n° 74-03/PG-RM du 1er juillet 1974, publiée au JORM n° 440 du 25 juillet 1974, pp. I-VIII.

✓ Constitution de 1960, adoptée le 22 septembre 1960 par une assemblée constituante (nouvelle Assemblée nationale de la République du Mali) par la Loi n° 60-1 *portant modification de la Constitution du 23 janvier 1959, modifiée par la loi 60-23 du 26 juillet 1960 de la République Soudanaise*, promulguée par le Décret n° 60-

62/P.G.P.-R.M. du 28 septembre 1960, publiée au JORM n° 65 du 29 septembre 1960, p. II.

✓ Acte fondamental n° 01 CTSP du 31 mars 1991, publié au JORM n° 8 du 30 avril 1991, p. 279.

✓ Ordonnance n° 01 CMLN du 28 novembre 1968 *portant organisation provisoire des pouvoirs publics en République du Mali*, publié au JORM spécial n° 288 du 28 novembre 1968, p. I (Elle suspend la Constitution de la première République.).

✓ Loi portant révision de la Constitution du 25 février 1992, publié au JORM spécial n° 11 du 7 juin 2017, pp. 03-20.

✓ Charte de *Kurukanfuga*, classée dans le patrimoine culturel immatériel du Mali par le Décret n° 2011-238/P-RM du 12 mai 2011, publié au JORM n° 25 du 24 juin 2011, p. 970.

2 - Textes législatifs

a - Dispositions communes

6- Lois :

✓ Loi n° 2024-027 du 13 décembre 2024 portant Code pénal, publiée au JORM spécial n° 21 du 13 décembre 2024.

✓ Loi n° 2024-028 du 13 décembre 2024 portant Code de procédure pénale, publiée au JORM spécial n° 22 du 13 décembre 2024.

✓ Loi n° 2024-030 du 13 décembre 2024 *portant organisation judiciaire en République du Mali*, publiée au JORM n° 29 du 20 décembre 2024, pp. 1165-1173.

✓ Loi n° 2023-004 du 13 mars 2023, publiée au JORM n° 09 du 7 avril 2023 *portant Code des collectivités territoriales*, pp. 330-354.

✓ Loi n° 2023-003 du 13 mars 2023 portant modification de la Loi n° 2017-052 du 2 octobre 2017 *déterminant les conditions de la libre administration des collectivités territoriales*, publiée au JORM n° 06 du 17 mars 2023, pp. 206-207.

✓ Loi n° 2021-056 du 7 octobre 2021 *portant modification et ratification de l'Ordonnance n° 2020-014/PT-RM du 24 décembre 2020 portant loi domaniale et foncière*, publiée au JORM n° 31 du 22 octobre 2022, pp. 1224-1226.

✓ Loi n° 2018-040 du 27 juin 2018 *portant création des collectivités territoriales de région, de cercles et de communes de la région de Taoudéni,* publiée au JORM n° 32 du 14 septembre 2018, pp. 1262-1268.

✓ Loi n° 2018-041 du 27 juin 2018 *portant création des collectivités territoriales de région, de cercles et de communes de la région de Ménaka*, toutes publiées au JORM n° 32 du 14 septembre 2018, p. 1268.

✓ Loi n° 2017-051 du 2 octobre 2017 *portant Code des collectivités territoriales,* publiée au JORM n° 40 du 6 octobre 2017, pp. 1562-1586.

✓ Loi n° 2017-052 du 2 octobre 2017, modifiée, *déterminant les conditions de la libre administration des collectivités territoriales*, publiée au JORM n° 40 du 6 octobre 2017, pp. 1586-1589.

✓ Loi n° 2016-046 du 23 septembre 2016 *portant loi organique fixant l'organisation, les règles de fonctionnement de la cour suprême et la procédure suivie devant elle,* publiée au JORM n° 42 du 14 octobre 2016, pp. 1642-1675.

Loi n° 2014-049 du 19 septembre 2014 portant principes fondamentaux de la création, de l'organisation et du contrôle des services publics, publiée au JORM n° 44 du 31 octobre 2014, pp. 1724-1731.

✓ Loi n° 2014-024 du 3 juillet 2014 *portant interdiction de la production, de l'importation, de la détention et de la commercialisation des sachets plastiques non biodégradables en République du Mali,* publiée au JORM n° 32 du 8 août 2014, p. 1246, abrogeant la loi n° 2012-003 du 23 janvier 2012 *portant interdiction de la production, de l'importation, de la détention, de la commercialisation, et de l'utilisation de sachets plastiques non biodégradables et de granules non biodégradables destinés à la fabrication desdits sachets en République du Mali,* publiée au JORM n° 06 du 10 février 2012, pp. 202-203.
✓ Loi n° 2012-017 du 2 mars 2012 *portant création de circonscriptions administratives en République du Mali*, publiée au JORM n° 10 du 9 mars 2012, p. 364.
✓ Loi n° 2010-027 du 12 juillet 2010 *portant création de l'Agence de l'Environnement et du Développement Durable,* publiée au JORM, n° 32 du 6 août 2010, pp. 1243-1244.
✓ Loi n° 06-045 du 5 septembre 2006 *portant loi d'orientation agricole*, publiée au JORM, spécial n° 06 de (sic) septembre 2006, 24 p.
✓ Loi n° 98-010 du 19 juin 1998 *portant modification de la Loi n° 95-034 du 12 avril 1995 portant Code des collectivités territoriales en République du Mali*, publiée au JORM, n° 08 du 30 avril 1998, pp. 294-295, modifiée par la Loi n° 98-066 du 30 décembre 1998, publiée au JORM, n° 05 du 15 mars 1999, pp. 163-164.

Loi n° 98-012 du 19 janvier 1998 *régissant les relations entre l'administration et les usagers des services publics*, publié au JORM n° 08 du 30 avril 1998, pp. 295-297.

✓ Loi n° 96-050 du 16 octobre 1996 *portant principes de constitution et de gestion du domaine des collectivités territoriales*, publiée au JORM, n° 02 du 31 janvier 1997, pp. 43-47, modifiée par la Loi n° 2017-052 du 2 octobre 2017 *déterminant les conditions de la libre administration des collectivités territoriales*, publiée au JORM n° 40 du 6 octobre 2017, pp. 1586-1589.

✓ Loi n° 95-034 du 12 avril 1995 *portant Code des collectivités territoriales en République du Mali,* modifiée par la Loi n° 98-010 du 19 juin 1998, puis par la Loi n° 98-066 du 30 décembre 1998, abrogée par la Loi n° 2012-007 du 7 février 2012 *portant Code des collectivités territoriales*, puis par la Loi n° 2017-051 du 2 octobre 2017 *portant Code des collectivités territoriales,* publiée au JORM n° 40 du 6 octobre 2017, pp. 1562-1586.

✓ Projet de loi portant Code de l'environnement en République du Mali

- Ordonnances :

✓ Ordonnance n° 2020-008 du 10 mars 2020 *portant création du Centre national pour la Coordination du Mécanisme d'Alerte précoce et de Réponse aux Risques*, publiée au JORM n° 07 du 13 mars 2020, pp. 243-244.

✓ Ordonnance n° 2020-014 du 24 décembre 2020, modifiée, *portant loi domaniale et foncière*, publiée au JORM n° 35 du 28 décembre 2020, pp. 1398-1423.

✓ Ordonnance n° 2019-022/P-RM du 27 septembre 2019 *portant Code minier en République du Mali*, publiée au JORM n° 36 du 30 octobre 2019, pp. 1378-1410.

Ordonnance n° 2016-011/P-RM du 17 mars 2016 *portant création de l'Unité de gestion de la grande muraille verte*, publiée au JORM n° 14 du 1er avril 2016, p. 530.

✓ Ordonnance n° 2012-013/P-RM du 9 mars 2012 *portant création de l'inspection de l'environnement et de l'assainissement*, publiée au JORM n° 12 du 23 mars 2012, p. 445 ; ratifiée par la Loi n° 2012-062 du 17 décembre 2012.

✓ Ordonnance n° 10-001/P-RM du 18 janvier 2010 *portant création de la direction nationale de l'hydraulique*, publiée au JORM n° 05 du 29 janvier 2010, p. 164, ratifiée par la Loi n° 10-006 du 20 mai 2010 publiée au JORM n° 27 du 2 juillet 2010, p. 1045.

✓ Ordonnance n° 02-049/P-RM du 29 mars 2002 *portant création de l'Agence Bassin du Fleuve Niger*, publiée au JORM n° 132 du 30 avril 2002, pp. 443-444.

✓ Ordonnance n° 98-027/P-RM du 25 août 1998 *portant création de la Direction Nationale de l'Assainissement et du Contrôle des Pollutions et des Nuisances*, publiée au JORM, n° 21 du 15 novembre 1998, pp. 897-898, ratifiée par la Loi n° 98-058 du 17 décembre 1998 publiée au JORM, n° 04 du 28 février 1999, p. 125.

✓ Ordonnance n° 98-025/P-RM du 25 août 1998 *portant création de la Direction Nationale de la Conservation de la Nature*, publiée au JORM, n° 21 du 15 novembre 1998, pp. 897- 898, ratifiée par la Loi n° 98-056 du 17 décembre 1998 publiée au JORM, n° 04 du 28 février 1999, p. 125.

✓ Ordonnance n° 09-018 du 7 mars 1969 portant ratification de la convention sur le criquet migrateur africain du 25 mai 1962, amendée le 25 juillet 1968, publiée au JORM, n° 297, du 15 mars 1969, p. 178.

b - Dispositions spécifiques

Assainissement, pollutions et nuisances

✓ Ordonnance n° 2025-018 du 1er avril 2025 *portant modification de la Loi n° 2021-032 du 24 mai 2021 relative aux pollutions et aux nuisances*, publiée au JORM n° 11 du 4 avril 2025, pp. 425-428, ratifiée par la Loi n° 2025-028 du 3 juillet 2025.

✓ Loi n° 2021-032 du 24 mai 2021, modifiée, *relative aux pollutions et aux nuisances*, publiée au JORM, n° 16 du 28 mai 2021, p. 607 abrogeant la Loi n° 01-020 du 30 mai 2001 *relative aux pollutions et aux nuisances*, publiée au JORM, n° 17 du 20 juin 2001, pp. 646-650.

✓ Loi n° 08-042 du 1er décembre 2008 *relative à la sécurité en biotechnologie en République du Mali*, publiée au JORM, n° 01 du 2 janvier 2009, pp. 3-23.

✓ Loi n° 92-013 du 17 septembre 1992 *portant institution d'un système national de normalisation et de contrôle de qualité,* publiée au JORM, n° 19 du 15 octobre 1992, pp. 692-694.

✓ Loi n° 91-047 du 23 février 1991 *relative à la protection de l'environnement et du cadre de vie*, publiée au JORM, n° 6 du 30 mars 1991, pp. 214-216, abrogée par la Loi n° 01-020 du 30 mai 2001 *relative aux pollutions et aux nuisances*, publiée au JORM, n° 17 du 20 juin 2001, pp. 646-650.

Contrôle phytosanitaire

✓ Loi n° 02-013 du 3 juin 2002 *instituant le contrôle phytosanitaire en République du Mali*, publiée au JORM, n° 17 du 20 juin 2002, pp. 644-647.

Contrôle des pesticides

✓ Loi n° 02-014 du 3 juin 2002 *instituant l'homologation et le contrôle des pesticides en République du Mali,* publiée au JORM, n° 17 du 20 juin 2002, pp. 647-650.

Installations classées pour la protection de l'environnement

✓ Loi n° 08-033 du 11 août 2008 *relative aux installations classées pour la protection de l'environnement*, publiée au JORM, n° 37 du 12 septembre 2008, pp. 1445-1448.

Gestion des ressources forestières et fauniques

✓ Loi n° 2025-027 du 3 juillet 2025 *portant modification et ratification de l'Ordonnance n° 2025-017/ PT-RM du 1er avril 2025 portant modification de la Loi n° 10-028 du 12 juillet 2010 déterminant les principes de gestion des ressources du domaine forestier national.*

✓ Ordonnance n° 2025-017 du 1er avril 2025 *portant modification de la Loi n° 10-028 du 12 juillet 2010 déterminant les principes de gestion des ressources du domaine forestier national*, publiée au JORM n° 11 du 4 avril 2025, pp. 419-425.

✓ Loi n° 2021-064 du 14 décembre 2021 *portant création de la réserve de biosphère du gourma*, publiée au JORM n° 39 du 17 décembre 2021, p. 1559.

✓ Loi n° 2018-036 du 27 juin 2018 *fixant les principes de gestion de la faune et de son habitat*, publiée au JORM n° 31 du 24 août 2018, pp. 1222-1249.

✓ Loi n° 10-028 du 12 juillet 2010, modifiée, *déterminant les principes de gestion des ressources du domaine forestier national*, publiée au JORM n° 32 du 6 août 2010, pp. 1244-1262.

✓ Loi n° 04-005 du 14 janvier 2004 *portant création du fonds d'aménagement et de protection des forêts et du fonds d'aménagement et de la protection de la faune dans les domaines de l'État*, publiée au JORM, n° 05 du 20 février 2004, pp. 164-165.

✓ Loi n° 02-017 du 03 juin 2002 *régissant la détention, le commerce, l'exploitation, la préexploitation, l'importation, le transport et le transit de spécimens d'espèces de faune et de flore sauvages*, publiée au JORM, n° 17 du 20 juin 2002, pp. 658-668.

✓ Loi n° 01-004 du 27 février 2001 *portant charte pastorale en République du Mali*, publiée au JORM, n° 09 du 31 mars 2001, pp. 333-338.

✓ Loi n° 97-030 du 24 décembre 1997 *portant création du parc biologique de Bamako*, publiée au JORM n° 6 du 31 mars 1998, p. 206.

✓ Loi n° 95-031 du 20 mars 1995 *fixant les conditions de gestion de la nature sauvage et de son habitat*, publiée au JORM, n° 21 du 15 novembre 1995, pp. 805-813.

✓ Loi n° 95-004 du 18 janvier 1995 *fixant les conditions de gestion des ressources forestières*, publiée au JORM, n° 4 du 28 février 1995, pp. 125-131, abrogée par la Loi n° 10-028 du 12 juillet 2010, modifiée, *déterminant les principes de gestion des ressources du domaine forestier national*, publiée au JORM, n° 32 du 6 août 2010, pp. 1244-1262.

✓ Loi n° 95-003 du 18 janvier 1995 *portant organisation de l'exploitation du transport et du commerce du bois*, publiée au JORM, n° 03 du 15 février 1995, pp. 84-86, abrogée par la Loi n° 10-028 du 12 juillet 2010, modifiée, *déterminant les principes de gestion des ressources du domaine forestier national*, publiée au JORM, n° 32 du 6 août 2010, pp. 1244-1262.

✓ Loi n° 94-028 du 1er juillet 1994 *portant création du Projet de Gestion des Ressources Naturelle,* publiée au JORM n° 14 du 31 juillet 1994, p. 482.

Ressources halieutiques et patrimoine hydrique

✓ Loi n° 02-006 du 31 janvier 2002 *portant Code de l'eau*, publiée au JORM, n° 4 du 10 février 2002, pp. 124-132.
✓ Loi n° 95-002 du 18 janvier 1995 *portant création de la Direction nationale des ressources forestières, fauniques et halieutiques,* publiée au JORM, n° 03 du 15 février 1995, p. 84.
✓ Loi n° 95-032 du 22 mars 1995 *fixant les conditions de gestion de la pêche et de la pisciculture*, publiée au JORM, n° 09 du 15 mai 1995, pp. 324-327, abrogée par la Loi n° 2014-062 du 29 décembre 2014 *déterminant les principes et les conditions de gestion de la pêche et de l'aquaculture*, publiée au JORM, n° 01 du 2 janvier 2015, pp. 04-20.

3 - Textes réglementaires

a - Dispositions communes

Décrets :

✓ Décret n° 2025-0068/PM-RM du 3 février 2025 *fixant les attributions spécifiques des membres du gouvernement*, publié au JORM n° 4 du 14 février 2025, pp. 136-145.
✓ Décret n° 2025-0069/PM-RM du 3 février 2025 *portant répartition des services publics entre la primature et les départements ministériels*, publié au JORM publié au JORM n° 4 du 14 février 2025, pp. 145-155.
✓ Décret n° 2024-0485/PM-RM du 23 août 2024 *déclarant l'état de catastrophe national*, publié au JORM spécial n° 16 du 28 août 2024.

✓ Décret n° 2024-0396/PT-RM du 9 juillet 2024 *fixant les conditions et les modalités d'application de la Loi n° 2023-040 du 29 aout 2023 portant code minier en République du Mali*, publié au JORM n° 15 du 12 juillet 2024, pp. 587-620.

✓ Décret n° 2024-0238/PT-RM du 12 avril 2024 portant classement des anciens bâtiments de l'Institut National des Arts (INA) dans le patrimoine culturel national, publié au JORM n° 08 du 12 avril 2024, pp. 300-301.

✓ Décret n° 2023-0105/PT-RM *fixant l'organisation et les modalités de fonctionnement de la Direction générale des Eaux et Forêts*, publié au JORM n° 04 du 24 février 2023, pp. 150-156.

✓ Décret n° 2021-0891/PM-RM du 10 décembre 2021 *portant création, organisation et fonctionnement du cadre politique de l'alliance nationale de la grande muraille verte*, publié au JORM n° 38 du 10 décembre 2021, pp. 1538-1539.

✓ Décret n° 2020-0320/PT-RM du 22 décembre 2020 *portant modification du décret n° 2015-0067/ P-RM du 13 février 2015 fixant les conditions de nomination et les attributions des chefs de circonscription administrative*, publié au JORM n° 34 du 25 décembre 2020, pp. 1375-1376.

✓ Décret n° 2019-0954/P-RM du 5 décembre 2019 *portant approbation de la politique nationale de la protection de l'environnement* (PNPE), publié au JORM n° 43 du 13 décembre 2019, p. 1709.

✓ Décret n° 2019-0887/P-RM du 5 novembre 2019 *fixant la liste des espèces de faune intégralement protégées, des espèces de faune partiellement protégées et des espèces de gibiers non protégées sur toute l'étendue du territoire national,* publié au JORM n° 41 du 29 novembre 2019, pp. 1610-1617.

✓ Décret n° 2019-0353/P-RM du 29 mai 2019 *fixant l'organisation et les modalités de fonctionnement de l'Agence de l'environnement et du développement durable*, publié au JORM n° 16 du 7 juin 2019, pp. 588-590.

✓ Décret n° 2019-0033/P-RM du 28 janvier 2019 *portant classement du site du palais de Koulouba dans le patrimoine culturel national*, publié au JORM n° 02 du 31 janvier 2019, p. 43.

✓ Décret n° 2017-0953/P-RM du 4 décembre 2017 *portant classement du « Kamablon », case sacrée de Keniero (commune rurale de Siby) dans le patrimoine culturel national*, publié au JORM n° 51 du 22 décembre 2017, p. 2004.

✓ Décret n° 2017-0950/PM-RM du 27 novembre 2017 *instituant le mécanisme national d'alerte précoce et de réponse aux risques sécuritaires,* publié au JORM n° 50 du 15 décembre 2017, p. 1967, abrogé par le Décret n° 2021-0175/PM-RM du 23 mars 2021, publié au JORM n° 09 du 26 mars 2021, p. 338.

✓ Décret n° 2016-0528/P-RM du 26 juillet 2016 *fixant l'organisation et les modalités de fonctionnement de l'Unité de gestion de la grande muraille verte,* publié au JORM n° 32 du 5 août 2016, p. 1272.

✓ Décret n° 2016-0266/P-RM du 29 avril 2016 *portant classement du site de Gao Saneye dans le patrimoine culturel national*, publié au JORM n° 20 du 13 mai 2019, p. 797.

✓ Décret n° 2015-0067/P-RM du 13 février 2015 *fixant les conditions de nomination et les attributions des Chefs des Circonscriptions administratives*, publié au JORM n° 07 du 13 février 2015, p. 249.

✓ Décret n° 2012-118/P-RM du 24 février 2012 portant classement de parcs publics et monuments de Bamako dans le patrimoine culturel national, publié au JORM n° 10 du 9 mars 2012, p. 385.

✓ Décret n° 2012-167/P-RM du 12 mars 2012 *fixant l'organisation et les modalités de fonctionnement de l'inspection de l'environnement et de l'assainissement*, publiée au JORM n° 12 du 23 mars 2012, p. 460.

✓ Décret n° 2011-239/P-RM du 12 mai 2011 portant classement du « Sanké mon, rite de pêche collective dans le Sanké » dans le patrimoine culturel national, publié au JORM n° 25 du 24 juin 2011, p. 971.

✓ Décret n° 2011-238/P-RM du 12 mai 2011 *portant classement de la charte du « manden », « manden sigikan » dans le patrimoine culturel national*, publié au JORM n° 25 du 24 juin 2011, p. 970.

✓ Décret n° 2011-107/PM-RM du 11 mars 2011 *portant création du Comité national du changement climatique*, publié au JORM n° 15 du 15 avril 2011, pp. 573-575.

✓ Décret n° 2010-390/PM-RM du 26 juillet 2010 *portant création et modalités de fonctionnement du conseil national de l'environnement*, publié au JORM n° 35 du 27 août 2010, pp. 1376-1378.

✓ Décret n° 2010-389/P-RM du 26 juillet 2010 *fixant l'organisation et les modalités de fonctionnement de l'Agence de l'environnement et du développement durable*, publié au JORM n° 35 du 27 août 2010, pp 1374-1376, abrogé par le Décret n° 2019-0353/P-RM du 29 mai 2019 *fixant l'organisation et les modalités de fonctionnement de l'Agence de l'environnement et du développement durable*, publié au JORM n° 16 du 7 juin 2019, pp. 588-590.

✓ Décret n° 09-314/P-RM du 19 juin 2009 *relatif à la qualité et à la labellisation des produits agricoles*, publié au JORM, n° 26 du 17 juillet 2009, pp.1131-1134.

✓ Décret n° 08-095/P-RM du 21 février 2008 portant création des comités régionaux, locaux et communaux d'orientation, de coordination et de suivi des actions de développement, publié au JORM n° 12 du 21 mars 2008, pp. 446-447.

✓ Décret n° 04-562/PM-RM du 1er décembre 2004 portant création du cadre institutionnel de pilotage du processus d'élaboration de la loi d'orientation agricole, publié au JORM n° 09 du 31 mars 2005, p. 323.

✓ Décret n° 98-415/P-RM du 24 décembre 1998 *fixant le cadre institutionnel de la gestion des questions environnementales*, publié au JORM n° 05 du 15 mars 1999, pp. 182-184.

✓ Décret n° 92-235/P-RM du 1er décembre 1992 *portant organisation et modalités de fonctionnement d'un système national de normalisation et de contrôle de qualité*, publié au JORM, n° 24 du 31 décembre 1992, pp. 885-886.

✓ Décret n° 91-092/P-CTSP du 28 mai 1991 *fixant les attributions du ministre du développement rural et de l'environnement*, publié au JORM n° 11 du 15 juin 1991, p. 399.

Arrêté :

✓ Arrêté n° 99-0195/ME-SG du 23 février 1999 *fixant l'organisation et les modalités de fonctionnement du Secrétariat Technique Permanent du cadre institutionnel de la gestion des questions environnementales*, publié au JORM n° 25 du 10 octobre 1999, pp. 972-973.

b - Dispositions spécifiques

Assainissement, pollutions et nuisances

Décrets

✓ Décret n° 2014-0947/P-RM du 31 décembre 2014 *portant classement de l'église de Mandiakuy dans le patrimoine culturel national*, publié au JORM n° 05 du 30 janvier 2015, p. 183.

✓ Décret n° 2014-0949/P-RM du 31 décembre 2014 portant classement du site de la mosquée de KANKOU MOUSSA à Gao dans le patrimoine culturel national, publié au JORM n° 6 du 6 février 2015, p. 203.

✓ Décret n° 2014-0572/P-RM du 22 juillet 2014 *fixant les détails des compétences transférées de l'État aux collectivités territoriales dans le domaine de l'assainissement et de la lutte contre les pollutions et nuisances*, publié au JORM n° 36 du 5 septembre 2014, pp 1423-425.

✓ Décret n° 2012-356/P-RM du 29 juin 2012 *portant Code de déontologie des agents de l'assainissement et du contrôle des pollutions et des nuisances*, publié au JORM n° 29 du 20 juillet 2012, pp. 1123-1125.

✓ Décret n° 2011-837/P-RM du 22 décembre 2011 *portant classement de la mosquée de Manfara et les sites associes dans le patrimoine culturel national*, publié au JORM n° 02 du 13 janvier 2012, p. 49.

✓ Décret n° 09-211/P-RM du 8 mai 2009 *fixant l'organisation et les modalités de fonctionnement de la Direction nationale du Contrôle des pollutions et des nuisances*, publié au JORM n° 22 du 29 mai 2009, p. 850.

✓ Décret n° 08-670/P-RM du 30 octobre 2008 *portant classement de la grande mosquée du vendredi de Niono dans le patrimoine culturel national*, publié au JORM n° 45 du 5 décembre 2008, p. 1934.

✓ Décret n° 07-135/P-RM du 20 avril 2007 *fixant la liste des déchets dangereux*, publié au JORM, n° 14 du 20 mai 2007, pp. 541-542.

✓ Décret n° 05-480/P-RM du 4 novembre 2005 *portant classement de la mosquée de Komoguel dans le patrimoine culturel national*, publié au JORM n° 35 du 20 décembre 2005, p. 1365.

✓ Décret n° 05-298/P-RM du 28 juin 2005 *portant répartition des produits des amendes et transactions encaissés ou recouvrés par les agents de la Direction Nationale de l'Assainissement et du Contrôle des Pollutions et Nuisances*, publié au JORM, n° 27 du 30 septembre 2005, pp. 1047-1048.

✓ Décret n° 03-440/P-RM du 14 octobre 2003 *portant classement du tombeau des Askia dans le patrimoine culturel national*, publié au JORM n° 30 du 31 octobre 2003, p. 2964.

✓ Décret n° 01-397/P-RM du 6 septembre 2001 *fixant les modalités de gestion des polluants de l'atmosphère*, publié au JORM, n° 27 du 30 septembre 2001, pp. 1054-1056.

✓ Décret n° 01-396/P-RM du 6 septembre 2001 *fixant les modalités de gestion des pollutions sonores*, publié au JORM, n° 27 du 30 septembre 2001, pp. 1052-1053.

✓ Décret n° 01-395/P-RM du 6 septembre 2001 *fixant les modalités de gestion des eaux usées et des gadoues*, publié au JORM, n° 27 du 30 septembre 2001, pp. 1050-1052.

✓ Décret n° 01-394/P-RM du 6 septembre 2001 *fixant les modalités de gestion des déchets solides*, publié au JORM, n° 27 du 30 septembre 2001, pp. 1046-1050.

✓ Décret n° 98-306/P-RM du 17 septembre 1998 *déterminant le cadre organique de la Direction Nationale de l'Assainissement et du Contrôle des Pollutions et des Nuisances*, publié au JORM n° 01 du 15 janvier 1999, pp. 08-09.

✓ Décret n° 98-373/P-RM du 11 novembre 1998 *déterminant le cadre organique des Services Régionaux et Subrégionaux de l'Assainissement et du contrôle des Pollutions et des Nuisances*, publié au JORM n° 03 du 15 février 1999, pp. 95-97.

✓ Décret n° 92-245/P-RM du 18 décembre 1992, modifié, *portant classement des villes anciennes de Tombouctou et Djenné*, publié au JORM n° 24 du 31 décembre 1992, p. 890.

Arrêtés

✓ Arrêté n° 2016-1661du 30 mai 2016 *portant création, attribution, composition et modalités de fonctionnement du comité national de pilotage du « programme d'appui à l'adaptation aux changements climatiques dans les communes les plus vulnérables des régions de Mopti et de Tombouctou* », publié au JORM n° 6 du 10 février 2017, p. 218.

✓ Arrêté n° 2016-0857 du 18 avril 2016 *portant création, attributions, composition et modalités de fonctionnement du comité national de pilotage du « programme d'appui à la stratégie nationale de l'adaptation aux changements climatiques au Mali » et du projet « planification innovante visant l'adaptation aux changements climatiques* », publié au JORM n° 6 du 10 février 2017, p. 217.

✓ Arrêté interministériel n° 07-0506/MEA-MEF-SG du 27 février 2007 *fixant les modalités de répartition des remises accordées aux agents de la Direction Nationale de l'Assainissement et du Contrôle des Pollutions et des Nuisances*, publié au JORM n° 47 du 21 novembre 2008, pp. 1861-1862.

✓ Arrêté interministériel n° 06-1218/MEA-MEF-MIC-MET-MMEE du 13 juin 2006 *portant interdiction de l'importation et de la consommation de l'essence à plomb au Mali.*

✓ Arrêté n° 69-901 du 20 novembre 1969 *réglementant l'instruction des demandes d'ouverture d'Établissements classés*, publié au JORM n° 314 du 15 novembre 1969, p. 878.

Contrôle phytosanitaire

✓ Décret n° 02-305/P-RM du 3 juin 2002 *fixant les modalités d'application de la loi instituant le contrôle phytosanitaire en République du Mali*, publié au JORM, n° 20 du 20 juillet 2002, pp. 762-763.

✓ Décret n° 60-182-SEAEEF du 6 juillet 1960 *portant institution d'un contrôle phytosanitaire des importations et des exportations des végétaux, parties de végétaux et produits végétaux entrant au Soudan en sortant*, publié au JORS, n° 60 du 1er août 1960, pp. 621-622.

Contrôle des pesticides

Décrets

✓ Décret n° 09-313/P-RM du 19 juin 2009 *fixant les modalités d'application de la loi instituant l'homologation et le contrôle des pesticides en République du Mali*, publié au JORM, n° 29 du 17 juillet 2009, pp. 1128-1131, abrogeant le Décret n° 02-306/P-RM du 3 juin 2002, publié au JORM, n° 20 du 20 juillet 2002, pp. 764-766.

Arrêtés

✓ Arrêté n° 06-0211/MEA-SG du 8 février 2006 *portant modification de l'arrêté n° 04-1516/MEA-SG du 2 août 2004 portant création d'un Comité National de Pilotage du Programme Africain relatif aux stocks de pesticides obsolètes au Mali*, publié au JORM n° 32 du 8 août 2008, pp. 1262-1263.

✓ Arrêté n° 04-1516/MEA-SG du 2 août 2004 *portant création d'un Comité National de Pilotage du Programme Africain relatif aux stocks de pesticides obsolètes au Mali*, publié au JORM n° 32 du 20 novembre 2006, pp. 1257-1259.

✓ Arrêté n° 02-02669/MAEP-SG du 31 décembre 2002 *déterminant les conditions de délivrance de l'Agrément de revente des pesticides*, publié au JORM n° 06 du 29 février 2004, pp. 224-225.

Évaluation environnementale

Décrets

✓ Décret n° 2018-0991/P-RM du 31 décembre 2018 *relatif à l'étude et à la notice d'impacts environnemental et social*, publié au JORM, n° 51 du 28 décembre 2018, p. 1998, abrogeant le Décret n° 08-346/P-RM du 26 juin 2008 *relatif à l'étude d'impact environnemental et social*, publié au JORM, n° 31 du 1er août 2008, pp. 1204-1209, modifié par le Décret n° 09-318/P-RM du 26 juin 2009, publié au JORM, n° 30 du 24 juillet 2009, pp. 1177-1178.

✓ Décret n° 06-258/P-RM du 22 juin 2006 *fixant les conditions d'exécution de l'audit de l'environnement*, publié au JORM, n° 23 du 20 août 2006, pp. 885-888.

✓ Décret n° 99-189/P-RM du 5 juillet 1999 *portant Institution de la Procédure d'étude d'impact sur l'environnement*, publié au JORM, n° 20 du 20 août 1999, pp. 770-773 abrogé par le décret n° 03-594/P-RM du 31 décembre 2003 *relatif à l'étude d'impact sur l'environnement*, publié au JORM, n° 05 du 20 février 2004, pp. 185-190.

Arrêtés

✓ Arrêté Interministériel n° 10-1509/MEA-MIIC-SG du 31 mai 2010 *fixant le montant, les modalités de paiement et de gestion des frais afférents aux activités relatives à l'Étude d'Impact Environnement et Social*, publié au JORM, n° 02 du 14 janvier 2011, pp. 66-67.

✓ Arrêté n° 08-1850/MF/SG du 30 juin 2008 *fixant le régime fiscal et douanier applicable aux marchés relatifs aux études d'impact environnemental et social du projet d'aménagement du Taoussa*, publié au JORM, n° 36 du 4 septembre 2009, pp. 1428-1429.

Installations classées pour la protection de l'environnement

✓ Décret n° 2016-0754/P-RM du 29 septembre 2016 *portant déclassement partiel et fixant les nouvelles limites de la forêt classée de Bagouko*, publié au JORM, n° 46 du 11 novembre 2016, pp. 1805-1109.

✓ Décret n° 2016-0267/P-RM du 29 avril 2016 *portant déclassement partiel des forêts classés de Tienfala et de la Faya dans la Région de Koulikoro et de la forêt classée de Zangasso dans la Région de Sikasso,* publié au JORM, n° 20 du 13 mai 2016, pp. 798-799.

✓ Décret n° 08-291/P-RM du 16 mai 2008 *portant déclassement de certains équipements collectifs du District de Bamako et leurs emprises du domaine public immobilier de l'État*, publié au JORM, n° 27 du 4 juillet 2008, pp. 1049-1050.

✓ Décret n° 00-022/P-RM du 19 janvier 2000 *fixant les modalités de classement et de déclassement des forêts, des périmètres de reboisement et des périmètres de protection dans le domaine forestier de l'État*, publié au JORM, n° 10 du 10 avril 2000, pp. 366-368 abrogeant partiellement le Décret n° 96-043/P-RM du 8 février 1996 *fixant l'organisation et les modalités de défrichement, de classement et de déclassement dans les domaines forestiers de l'État et des collectivités territoriales*, publié au JORM, n° 04 du 29 février 1996, pp. 138-140.

✓ Décret n° 99-321/P-RM du 4 octobre 1999 *fixant les modalités de classement et de déclassement des réserves de faune, des sanctuaires et les modalités de création de zones d'intérêt cynégétiques des ranches de gibier dans le domaine faunique de l'État,* publié au JORM, n° 32 du 20 décembre 1999, pp. 1250-1252.

✓ Décret n° 71-173/P-RM du 22 décembre 1971 *portant déclassement et incorporation du domaine privé de l'État de la Rue Paul Holl, sise à Bamako*, publié au JORM, n° 363 du 1er novembre 1917, p. 662.

Gestion des ressources forestières

Décrets

✓ Décret n° 2018-0662/P-RM du 8 août 2018 *portant règlementation de l'exploitation des produits forestiers dans le domaine forestier national*, publié au JORM n° 37 du 19 octobre 2018, p. 1467.

✓ Décret n° 2018-0079/P-RM du 29 janvier 2018 *fixant le détail des compétences transférées de l'État aux collectivités territoriales en matière de gestion des ressources forestières et fauniques,* publié au JORM n° 07 du 16 février 2018, pp. 288 et s.

✓ Décret n° 2017-0845/P-RM du 9 octobre 2017 *portant approbation de la Politique forestière nationale et son plan d'actions 2018- 2022*, publié au JORM n° 44 du 3 novembre 2017, p. 1749.

✓ Décret n° 10-388/P-RM du 26 juillet 2010 *fixant les taux des redevances perçues à l'occasion de l'exploitation des produits forestiers dans le domaine forestier de l'État,* publié au JORM, n° 35 du 27 août 2010, pp. 1366-1374.

✓ Décret n° 10-387/P-RM du 26 juillet 2010 *fixant la liste des essences forestières protégées et des essences forestières de valeur économique* (JORM n° 35 du 27 août 2010, p. 1364).

✓ Décret n° 01-404/P-RM du 17 septembre 2001 *déterminant les conditions et modalités d'exercice des droits conférés par les titres d'exploitation des ressources forestières*, publié au JORM, n° 27 du 30 septembre 2001, pp. 1061-1065, abrogé par le Décret n° 2011-637/P-RM du 20 septembre 2011 *déterminant les conditions et modalités d'exercice des droits conférés par les titres d'exploitation et de transport des produits forestiers,* publié au JORM, n° 47 du 25 novembre 2011, pp. 1852-1856.

✓ Décret n° 99-320/P-RM du 4 octobre 1999 *fixant la procédure de défrichement dans le domaine forestier de l'État*, publié au JORM, n° 32 du 20 décembre 1999, pp. 1249-1250.

✓ Décret n° 98-402/P-RM du 17 décembre 1998 *fixant les taux, les modalités de recouvrement et de répartition des taxes perçues à l'occasion de l'exploitation du bois dans le domaine forestier de l'État*, publié au JORM, n° 05 du 15 mars 1999, pp. 174-177, modifié par le Décret n° 04-137 (bis)/ P-RM *fixant la répartition des recettes perçues a l'occasion de l'exploitation des domaines forestier et faunique de l'État entre les fonds d'aménagement et de protection des forêts et de la faune et les budgets des Collectivités Territoriales,* publié au JORM, n° 13 du 10 mai 2004, pp. 501-502, abrogé par le Décret n° 10-388/P-

RM *fixant les taux des redevances perçues à l'occasion de l'exploitation des produits forestiers dans le domaine forestier de l'État,* publié au JORM, n° 35 du 27 août 2010, pp. 1366-1374.

✓ Décret n° 97-053/P-RM du 31 janvier 1997 *fixant les taux des redevances de défrichement dans le domaine forestier de l'État et définissant la limite Sud officielle de la zone sahélienne*, publié au JORM, n° 06 du 31 mars 1997, pp. 244-245.

✓ Décret n° 72-113/PG-RM du 16 septembre 1972 portant création de l'Opération Aménagement du Parc National de la Boucle du Baoulé et des Réserves Adjacentes, chargée de la gestion du Parc zoologique de Bamako, publié au JORM n° 398 du 1er octobre 1972, p. 555.

Arrêtés

✓ Arrêté n° 2021-0071/MEADD-SG du 29 janvier 2021 *fixant les modèles de plans d'aménagement forestier*, (JORM n° du 05 du 5 février 2021, p. 187).

✓ Arrêté n° 2021-5091/MEADD-SG du 6 décembre 2021 *déterminant les modalités de mise à feu précoce dans le domaine forestier de l'état et des Collectivités décentralisées*, (JORM n° du 40 du 24 décembre 2021, p. 1628).

✓ Arrêté n° 2020-3489 du 31 décembre 2020 *portant approbation du plan d'aménagement et de gestion de la forêt classée de la Faya,* publié au JORM n° 04 du 29 janvier 2021, p. 146).

✓ Arrêté n° 2020-3501 du 31 décembre 2020 *portant approbation du plan d'aménagement et de gestion de la forêt classée de Tienfala*, publié au JORM n° 5 du 5 février 2021, p. 187.

✓ Arrêté n° 2020-3502 du 31 décembre 2020 *portant approbation du Plan d'aménagement et de gestion de la forêt classée des Monts Mandingues*, publié au JORM n° 5 du 5 février 2021, p. 187.

✓ Arrêté n° 2020-2589 du 2 novembre 2020 *portant approbation du plan d'aménagement et de gestion de la forêt classée de Fangala, dans le cercle de Bafoulabé*, publié au JORM n° 30 du 27 novembre 2020, p. 1231.

✓ Arrêté n° 96-1023/MDRE-SG du 26 juin 1996 *déterminant les types et modèles de coupons, les modalités d'attribution, de délivrance et de contrôle des coupons de transport de bois*, publié au JORM, n° 12 du 30 juin 1996, pp. 475-476.

✓ Arrêté n° 96-0793/MDRE-SG du 17 mai 1996 *portant composition et fonctionnement des commissions régionales chargées d'arbitrer les conflits relatifs à la fixation des quotas annuels d'exploitation du bois*, publié au JORM, n° 11 du 15 juin 1996, p. 435.

✓ Arrêté n° 96-0753/MDRE-SG du 13 mai 1996 *fixant les règles d'approvisionnement et de fonctionnement des marchés ruraux de bois*, publié au JORM, n° 09 du 15 mai 1996, p. 357.

✓ Arrêté n° 95-2487/MDRE-SG du 14 novembre 1995 *déterminant les modalités de mise à feu dans le domaine forestier de l'État*, publié au JORM, n° 23 du 15 décembre 1995, p. 918.

Gestion des ressources fauniques

Décrets

✓ Décret n° 2018-0868/P-RM du 8 novembre 2018 *autorisant et déclarant d'utilité publique la mise en œuvre du plan d'aménagement et de gestion des aires protégées du Mande-Wula et Nema-Wula, dans les Communes rurale de Gadougou I, de Gadougou II et de Koulou-Baléa*, publié au JORM n° 45 du 30 novembre 2018, p.1788.

✓ Décret n° 2012-289/P-RM du 13 juin 2012 *portant classement de la réserve de faune de Djangoumerila*, dans le cercle de Yanfolila, région de Sikasso, publié au JORM n° 24 du 15 juin 2012, p. 936.

✓ Décret n° 10-091/P-RM du 15 février 2010 *portant classement de la réserve de faune du Mande-Wula*, publié au JORM n° 09 du 26 février 2010, p. 330.

✓ Décret n° 08-771/P-RM du 29 décembre 2008 *déterminant la composition, les attributions et les modalités de fonctionnement des conseils de chasse*, publié au JORM, n° 04 du 23 janvier 2009, pp. 133-138.

✓ Décret n° 00-021/P-RM du 19 janvier 2000 *fixant les attributions, la composition, l'organisation et les modalités de fonctionnement des conseils de chasse*, publié au JORM, n° 10 du 10 avril 2010, pp. 364-366.

✓ Décret n° 07-155/P-RM du 10 mai 2007 *fixant la liste des espèces locales de faune et de flore sauvages et les modalités d'obtention d'autorisation de production, de fabrication, de détention et d'utilisation à des fins commerciales d'objets provenant de tout ou partie de ces espèces*, publié au JORM, n° 19 du 10 juillet 2007, pp. 725-727.

✓ Décret n° 06-439/P-RM du 18 octobre 2006 *fixant les modalités d'application de la loi n° 01-004 du 27 février 2001 portant charte pastorale en république du Mali*, publié au JORM n° 36 du 31 décembre 2006, pp. 1404-1408.

✓ Décret n° 04-137/bis/P-RM du 27 avril 2004 *fixant la répartition des recettes perçues à l'occasion de l'exploitation des domaines forestier et faunique de l'État entre les fonds d'aménagement et de protection des forêts et du fonds d'aménagement et de la protection de la faune et les budgets des collectivités locales*, publié au JORM, n° 13 du 10 mai 2004, pp. 501-502.

✓ Décret n° 04-091/P-RM du 24 mars 2004 *fixant l'organisation et les modalités de gestion du fonds d'aménagement et de protection des forêts et du fonds d'aménagement et de la protection de la faune dans les domaines de l'État*, publié au JORM, n° 11 du 20 avril 2004, pp. 419-420.

✓ Décret n° 01-136/P-RM du 23 mars 2001 *fixant les taux des redevances et des taxes perçues à l'occasion de l'exploitation de la faune dans le domaine faunique de l'État,* publié au JORM, n° 11 du 20 avril 2001, pp. 422-429.

✓ Décret n° 99-321/P-RM du 4 octobre 1999 *fixant les modalités de classement, de déclassement des réserves de faune, des sanctuaires et les modalités de création des zones d'intérêt cynégétique et des ranches de gibier dans le domaine faunique de l'État,* publié au JORM n° 32 du 20 décembre 1999, p.1250.

✓ Décret n° 97-052/P-RM du 31 janvier 1997 *déterminant les modalités et conditions d'exercice des droits conférés par les titres de chasse*, publié au JORM, n° 06 du 31 mars 1997, pp. 239-244.

✓ Décret n° 97-051/P-RM du 31 janvier 1997 *fixant les conditions et les modalités d'exercice de la profession de guide de chasse*, publié au JORM, n° 06 du 31 mars 1997, pp. 236-238.

Arrêtés

✓ Arrêté n° 2024-4246/MEADD-SG du 29 novembre 2024 *déterminant les périodes d'ouverture et de fermeture de la saison de chasse 2024-2025.*

✓ Arrêté n° 2023-4484/MEADD-SG du 29 décembre 2023 *déterminant les périodes d'ouverture et de fermeture de la saison de chasse 2023-2024.*

✓ Arrêté interministériel n° 98-0788/MATS-MDR/MF-SG du 29 mai 1998 *déterminant les quantités d'armes de chasse dont l'achat pourra être autorisé par détenteur de titre de chasse*, publié au JORM, n° 22 du 30 novembre 1998, p. 984.

✓ Arrêté interministériel n° 97-0972/MATS/MDR/MFC/MIAT-SG du 12 juin 1997 *portant réglementation temporaire de l'importation temporaire d'armes de chasse par les touristes*, publié au JORM, n° 15 du 15 août 1997, p. 629.

✓ Arrêté n° 95-2489/MDRE-SG du 14 novembre 1995 *déterminant les conditions d'exercice de la chasse rituelle et du droit d'usage en matière de chasse*, publié au JORM, n° 23 du 15 décembre 1995, p. 629 abrogé par l'Arrêté n° 2011-5018/MEA-SG du 9 décembre 2011 *déterminant les conditions d'exercice de la chasse rituelle et du droit d'usage en matière de chasse.*

Gestion des ressources halieutiques et du patrimoine hydrique

Décrets

✓ Décret n° 2016-0066/P-RM du 15 février 2016 *adoptant la Politique Nationale de Développement de la Pêche et de l'Aquaculture et de son Plan d'Actions prioritaires* 2012-2015 publié au JORM n° 10 du 4 mars 2016, p. 376.
✓ Décret n° 02-289/P-RM du 30 mai 2002 *fixant l'organisation et les modalités de fonctionnement de l'agence du bassin du fleuve Niger*, publié au JORM, n° 19 du 10 juillet 2002, pp. 732-734.
✓ Décret n° 00-183/P-RM du 14 avril 2000 *fixant les modalités d'application de l'Ordonnance* n° 00-020/P-RM du 15 mars 2000 *portant organisation du service public de l'eau potable,* publié au JORM, n° 18 du 30 juin 2000, pp. 684-688.
✓ Décret n° 95-182/P-RM du 26 avril 1995 *fixant les taux de redevance perçus à l'occasion de la délivrance des permis de pêche*, publié au JORM, n° 11 du 15 juin 1995, pp. 418-419.
✓ Décret n° 95-036/P-RM du 3 février 1995 *fixant l'organisation et les modalités de fonctionnement de la direction nationale des ressources forestières, fauniques et halieutiques*, publié au JORM, n° 04 du 28 février 1995, pp. 138-140.

Arrêtés

✓ Arrêté n° 96-1684/MFC-SG du 28 octobre *1996 portant institution de régies de recettes dans les services des ressources forestières, fauniques et halieutiques*, publié au JORM, n° 20 du 31 octobre 1996, pp. 741-742.

- ✓ Arrêté n° 95-2665/MIAT-SG du 15 décembre 1995 *portant autorisation d'implantation d'une unité de production et de conditionnement de produits agricoles et piscicoles à Sélingué*, publié au JORM, n° 24 du 31 décembre 1995, p. 942.
- ✓ Arrêté n° 69-675/MP-CAB du 19 septembre 1969 *créant une commission consultative de commercialisation des produits agricoles et piscicoles*, publié au JORM, n° 309 du 15 décembre 1969, p. 702.

Annexe : Tableau retraçant l'historique du département chargé de la protection de l'environnement avec ses différentes appellations

N°	Dénomination	Titulaire	N° Décret	Rang	N° JO
22 septembre 1960- 18 novembre 1968 (Président Modibo KEÏTA)					
1	Secrétariat d'État à l'Agriculture, à l'Élevage et aux Eaux et Forêts	Salah NIARÉ	N° 60-243 du 26 septembre 1960	08/10	1960-67
2	Secrétariat d'État à l'Agriculture et aux Eaux et Forêts	Salah NIARÉ	N° 61-38 du 25 janvier 1961	15/17	1961-77
3	Ministère du Développement	Seydou Badian KOUYATÉ	N° 62-222 du 17 septembre 1962 N° 64-61 du 14 mai 1964	07/15 07/15	1962-127 1964-171
4	Secrétariat d'État à la Présidence de la République chargé de l'Économie rurale	Salah NIARÉ	N°66-103 du 15 septembre 1966	16/16	1966-232
5	Secrétariat d'État à la Présidence chargé de l'Économie rurale, de l'Énergie et des Industries	Salah NIARÉ	N° 68-33 du 7 février 1968	14/15	1968-270
18 novembre 1968-26 mars 1991 (Président Moussa TRAORÉ)					
6	Ministère de la Production	Zanga COULIBALY	N° 68-02 du 28 novembre 1968 N° 69-33 du 7 février 1969 N° 70-142 du 28 novembre 1970	08/12 09/14 08/14	1968-288 1969-295 1970-341
7		Sidi COULIBALY	N° 73-57 du 3 mai 1973	10/15	1973-404
8	Ministère du Développement rural	Sory COULIBALY	N° 75-157 du 25 septembre 1975	07/16	1975-474
9		Assim DIAWARA	N°78-02 du 7 janvier 1978	11/15	1978-538
10		N'Fagnanama KONÉ	N° 78-121 du 4 mai 78 N° 79-190 du 4 juillet 1979	10/15 05/15	1978* 1979-575
11	Ministère de l'Élevage et des Eaux et Forêts	Mady DIALLO	N° 80-171 du 2 août 1980	08/16	1980*
12	Ministère du Développement rural	Mady DIALLO	N° 82-151 du 6 juillet 1982 N° 83-92 du 19 avril 1983	04/18 04/17	1982-14 1983-09
13	Ministère des Ressources naturelles et de l'Élevage	Mady DIALLO	N° 84-322 du 31 décembre 1984	08/16	1984-…
14		El Hadj Oumar TALL	N° 86-174 du 6 juin 1986 N° 87-42 du 20 février 1987 N° 87-225 du 29 août 1987 N° 88-69 du 15 février 1988	12/18 08/16 10/18 09/18	1986-791 1987* 1987* 1988*
15	Ministère de l'Environnement et de l'Élevage	Morifing KONÉ	N° 88-152 du 6 juin 1988 N° 89-253 du 12 septembre 1989	15/17 09/18	1988* 1989-18

26 mars 1991- 8 juin 1992 (Président Amadou Toumani TOURÉ)					
16	Ministère du Développement rural et de l'Environnement	Maïmouna BA	N° 91-003 du 5 avril 1991	02/21	1991-08
17	Ministère de l'Agriculture, de l'Élevage et de l'Environnement	Maïmouna BA	N° 9-167 du 16 juillet 1991 N° 91-208 du 26 août 1991 N° 91-458 du 27 décembre 1991	02/20 02/20 02/20	1991-14 1991-17 1991-17
18		Khaïdama Mariam Youba SIDIBÉ	N° 92-150 du 14 mai 1992	02/21	1992-11
8 juin 1992-8 juin 2002 (Président Alpha Oumar KONARÉ)					
19	Ministère du Développement rural et de l'Environnement	Seydou Idrissa TRAORÉ	N° 92-02 du 9 juin 1992	15/19	1992-11
20	Ministère de l'Environnement	Mohamed AG ERLAF	N° 93-106 du 16 avril 1993 N° 93-405 du 7 novembre 1993	7/22 3/17	1993-08 1993-21
21	Ministère du Développement rural et de l'Environnement	Boubacar Sada SY	N° 94-067 du 6 février 1994	6/15	1994-04
22		Modibo TRAORÉ	N° 94-333 du 25 octobre 1994 N° 96-206 du 22 juillet 1996	16/16 17/18	1994-22 1996-14
23	Ministère de l'Environnement	Mohamed AG ERLAF	N° 97-282 du 16 septembre 1997	02/22	1997-20
24	Ministère de l'Équipement, de l'Aménagement du territoire, de l'Environnement et de l'Urbanisme	Soumaïla CISSÉ	N° 00-057 du 21 février 2000 N° 01-276 du 23 juin 2001	03/21 03/21	2000-13 2001-21
25		Alhassane AG HAMED MOUSSA	N° 02-004 du 7 janvier 2001 N° 02-135 du 19 mars 2002	03/20 20/20	2002-03 2002-10
8 juin 2002 - 22 mars 2012 (Président Amadou Toumani TOURÉ)					
26	Ministère du Développement rural et de l'Environnement	Seydou TRAORÉ	N° 02-343 du 14 juin 2002	09/21	2002-17
27	Ministère de l'Environnement	Nancoman KEÏTA	N° 02-496 du 16 octobre 2002	13/28	2002-29
28	Ministère de l'Environnement et de l'Assainissement	Nancoman KEÏTA	N° 04-141 du 2 mai 2004	01/27	2004-13
29		Natiè PLÉA	N° 07-149 du 3 mai 2007	01/27	2004-17
30		Aghatam AG ALASSANE	N° 07-383 du 3 octobre 2007	19/26	2008-01
31		Tiémoko SANGARÉ	N° 09-157 du 9 avril 2009 N° 2011-176 du 6 avril 2011	07/29 01/32	2009* 2011-20

12 avril 2012 - 4 septembre 2013 (Président Dioncounda TRAORÉ)					
32	Ministère de l'Energie, de l'Eau et de l'Environnement	Alpha Bocar NAFO	N° 2012-194 du 24 avril 2012	16/24	2012-17
33	Ministère de l'Environnement et de l'Assainissement	David SAGARA	N° 2012-479 du 20 août 2012	25/32	2012-36
34		Ousmane AG RHISSA	N° 2012-710 du 15 décembre 2012 N° 2013-536 du 22 juin 2013	22/30 22/30	2012-51 2013-30
4 septembre 2013 - 18 août 2020 (Président Ibrahim Boubacar KEÏTA)					
34 bis	Ministère de l'Environnement et de l'Assainissement	Ousmane AG RHISSA	N° 2013-721 du 8 septembre 2013	13/34	2013-41
35	Ministère de l'Environnement, de l'Eau et de l'Assainissement	Abdoulaye Idrissa MAÏGA	N° 2014-0257 du 11 avril 2014	15/31	2014-18
36	Ministère de l'Environnement, de l'Assainissement et du Développement durable	Mohamed AG ERLAF	N° 2015-0004 du 10 janvier 2015	26/29	2015-08
37		Ousmane KONÉ	N° 2015-0603 du 24 septembre 2015 N° 2016-0022 du 15 janvier 2016	05/31 13/32	2015-43 2016-05
38		Aïda M'BO	N° 2016-0510 du 7 juillet 2016 N° 2017-0320 du 11 avril 2017 N° 2017-1034 du 30 décembre 2017 N° 2018-0712 du 9 septembre 2018	27/34 28/35 10/36 15/32	2016-32 2017-15 2018-01 2018-39
39		Housseini A. GUINDO	N° 2019-0328 du 5 mai 2019	27/38	2019-14
		21 septembre 2020 – 24 mai 2021 (Président Bah N'DAW)			
40		Bernadette KEÏTA	N° 2020-0074 du 5 octobre 2020	21/25	2020-24
		24 mai 2021 à nos jours (Président Assimi GOÏTA)			
41		Modibo KONÉ	N° 2021-0385 du 11 juin 2021	22/28	2021-17
42		Mamadou SAMAKÉ	N° 2023-0363 du 1er juillet 2023	14/28	2023/18
43		Mariam TANGARA	N° 2024-0658 du 21 novembre 2024	23/28	2024/19

* Numéros de JO non disponibles.

TABLE DES MATIERES

Structures éditoriales du groupe L'Harmattan

L'Harmattan Italie
Via degli Artisti, 15
10124 Torino
harmattan.italia@gmail.com

L'Harmattan Hongrie
Kossuth l. u. 14-16.
1053 Budapest
harmattan@harmattan.hu

L'Harmattan Sénégal
10 VDN SICAP AMITIE 3
BP 45034 Dakar-Fann
direction@senharmattan.com

L'Harmattan Cameroun
Tsinga/Derrière polyclinique FECAFOOT
BP 11486 Yaoundé
Jacques.koukam@harmattan.fr

L'Harmattan Burkina Faso
Villa 281, secteur 23 623, rue 14.32
Ouagadougou
zagbie@outlook.fr

L'Harmattan Guinée
Almamya, rue KA 028 OKB Agency
BP 3470 Conakry
harmattanguinee@yahoo.fr

L'Harmattan RDC
185, avenue Nyangwe
Commune de Lingwala – Kinshasa
matangilamusadila@yahoo.fr

L'Harmattan Congo
219, avenue Nelson Mandela
BP 2874 Brazzaville
deunovmikhael@gmail.com

L'Harmattan Mali
Immeuble Mgr Jean Marie Cissé
Aci Hamadallaye
BP 145 Bamako
syllaka@yahoo.fr

L'Harmattan Togo
Djidjole – Maison Amela
face EPP BATOME
02 BP 20680 Lomé
didieramela11@gmail.com

L'Harmattan Côte d'Ivoire
Résidence Karl – Cité des Arts
Abidjan-Cocody
03 BP 1588 Abidjan
harmattan.ivoire@gmail.com

L'Harmattan Bénin
Rue 604, (Immeuble à l'entrée
de la rue UCAO- Cite de Saint-Jean)
Cotonou
stepcorpus@gmail.com

Nos librairies en France

Librairie internationale
16, rue des Écoles
75005 Paris
librairie.internationale@harmattan.fr
01 40 46 79 11
www.librairieharmattan.com

Librairie des savoirs
21, rue des Écoles
75005 Paris
librairie.sh@harmattan.fr
01 46 34 13 71
www.librairieharmattansh.com

www.ingramcontent.com/pod-product-compliance
Lightning Source LLC
LaVergne TN
LVHW011316061026
849535LV00005B/1576